青春美文精品集萃丛书·拿手好戏系列

趣味是成长的拿手好戏

《语文报》编写组 选编

时代文艺出版社

图书在版编目（CIP）数据

趣味是成长的拿手好戏 /《语文报》编写组选编. -- 长春：时代文艺出版社，2021.6
（青春美文精品集萃丛书. 拿手好戏系列）
ISBN 978-7-5387-6790-2

Ⅰ.①趣… Ⅱ.①语… Ⅲ.①作文－中小学－选集 Ⅳ.①H194.5

中国版本图书馆CIP数据核字(2021)第103475号

趣味是成长的拿手好戏

QUWEI SHI CHENGZHANG DE NASHOU HAOXI

《语文报》编写组　选编

出品人：	陈　琛
责任编辑：	徐　薇
装帧设计：	孙　利
排版制作：	隋淑凤

出版发行	时代文艺出版社
地　　址	长春市福祉大路5788号　龙腾国际大厦A座15层（130118）
电　　话	0431-81629751（总编办）　0431-81629755（发行部）
网　　址	weibo.com/tlapress（官方微博）　sdwycbsgf.tmall.com（天猫旗舰店）
开　　本	880mm×1230mm　1/32
字　　数	135千字
印　　张	7
印　　刷	三河市嵩川印刷有限公司
版　　次	2021年6月第1版
印　　次	2021年6月第1次印刷
定　　价	36.00元

图书如有印装错误　请寄回印厂调换

编 委 会

主　　编：刘应伦

编　　委：刘应伦　赵　静　李音霞
　　　　　郭　斐　刘瑞霞　王素红
　　　　　金星闪　周　起　华晓隽
　　　　　何发祥　朱晓东　陈　颖
　　　　　段岩霞　刘学强

本册主编：王秋珍

Contents 目录

纸飞机的怀念

光头老爸和寸头儿子 /	周靖宸	002
怀念被淹没了一厘米 /	单雯慧	005
和母亲牵手 /	汤雨笛	007
那些爱的"傻事" /	吴昕宇	010
虞小鱼的满天星 /	蔡璐瑶	012
纸飞机的怀念 /	何佳骊	015
外婆的铜镜 /	陈思宇	017
月牙笑眼 /	梁静怡	019
爷爷和月亮都累了 /	斯展鹏	022
她教会我一个字 /	王子言	024
秋天的怀念 /	蒋双霜	026
父母的爱情 /	张子涵	028
绵羊和绵羊一样的云朵 /	陈 全	030
快乐的田野 /	陈智皓	034

奶奶的缝纫机 / 楼　渊　036
童年的破摩托 / 徐天宇　039
最美的疤痕 / 陆　悦　041
我们是一家人 / 蔡安妮　043
心碎的声音 / 金　玺　046
爱如琴声 / 王子言　049
有一段时光叫流年 / 张佳琳　051

弹错的音符

午后奇遇 / 胡皓翔　054
争论 / 潘亮都　057
我不再逃避 / 陈佳瑶　060
等风来 / 陈泽楠　062
大榕树下 / 董丽文　064
奶奶的姜花 / 孙婉苓　067
我最心疼的人 / 陈　宇　070
天水碧 / 张佳琳　072
一只会思考的猪 / 蔡晨珂　074
弹错的音符 / 李佳露　077
父亲的眼泪 / 李嘉懿　080
有你，我才有春天 / 金雨彤　083
鱼和水的故事 / 叶展云　086
我家有个小表弟 / 王乐凯　088

原来是这样 /	陈千荟	090
玉纽扣 /	朱凯元	093
一则旧日记 /	朱佳芸	096
秃眉毛 /	任嘉璇	099

特殊的礼物

老爸的心事 /	张　硕	102
与您相伴的岁月 /	张　艳	104
妈妈的疑惑 /	楼彦萱	107
沙漏 /	俞沁琦	110
植物消失以后 /	吴真渝	113
阿蝶的薄荷蛋 /	楼　渊	115
我班的牛人 /	王嘉敏	118
梦想开始的地方 /	楼心月	121
外公的莲蓬 /	陈思宇	123
送你一路花开 /	黄婧娜	126
那抹甜甜的笑 /	何雪宁	128
特殊的礼物 /	吴　婧	130
空气净化手链 /	徐梓涵	132
世界很小，你在就好 /	楼熹玥	135
童年的衣柜 /	韦杭汝	138
环保机器鸟 /	吴宜炫	140
那远去的背影 /	姚嘉俊	142

旧时光　/　徐诗云　145
母亲的秘方　/　罗毅卓　148
漂亮女人　/　蔡璐瑶　150
"神偷"巴不拉　/　蒋旭丰　153
你的背影，挂着我的童年　/　戴弘毅　155
我的怪爸爸　/　张子安　157
乡下的月亮　/　陈巧丹　159

爱的味道

回不去的旧时光　/　何佳骊　162
有一种时光叫幸福　/　李易岚　165
太婆的巧克力　/　王会宁　167
童年的三轮车　/　严子涵　170
晚饭花　/　严寒　173
只有我们知道的地方　/　吴妮佳　175
爱的味道　/　包佳裕　178
两副眼镜　/　邵哲恺　181
秃鸭　/　陆悦　184
亲爱的"尿不湿"　/　陈颖　187
那盆太阳花知道　/　王星雨　190
一只想逃跑的猪　/　叶宇杰　193
栀子花真好　/　张一樊　195
着墨宣纸的趣味　/　严寒　197

环保达人梅子 / 潘传媒 199

消失的手机 / 杜家羽 201

世界上最难的职业叫妈妈 / 潘航翔 203

肥胖的老爸 / 徐哲睿 205

最后一个人 / 张柠 208

转学 / 张喆政 211

纸飞机的怀念

光头老爸和寸头儿子

周靖宸

孩童时,我拥有和老爸一样的发型——寸头。

那时,我总是剪着短短的头发,而老爸由于掉头发也总是剪直立立的寸头。

每当我去理发时,那个理发师总会先问我妈要剪什么样的发型,而不是问我。而每次我只会听到妈妈说一句:"剪短点儿吧。"于是乎,我的童年就只有那么一种发型,像老爸一样的寸头。

十岁时,我终于拥有了比老爸潮的发型。

那时,我刚上四年级,比以前懂了许多。重要的是我有了自己的主张,每次去理发店都会反对妈妈的建议。后来,老爸那仅有的小短发也剃光了,生生成了一个大光头佬。我则是从寸头向着长发进军。然而,我遇到了拦路虎。

在一个暖阳融融的周末，我正低头看着一部长篇小说，边看边摸着我那已长了许多的头发，嘴里念叨着："头发留长的感觉，真不错啊。"不出一会儿，传来一阵脚步声，我转头一看是老爸，手里还拿着刚买的理发器。他的光头在阳光下闪着一团白光。老爸一把将我拉过去，说道："你看你，头发都这么长了，我帮你剃一下吧。"我心里大叫不好，手也不住地挣扎。爸爸好似知道我心里想的，说："只把旁边剃了，上面的保证不动。"虽然我心中半信半疑，嘴上还是答应了。于是，我被带到卫生间里开始了剃头行动。一开始还是好好的，但不知何时，爸爸说了一句："这样不好看，要不全剃了吧！"还不待我回答，他便一下子给我上面的头发来了一下。我的心剧烈一跳，知道大事不好。我想站起来，老爸用有力的大手把我按住了。等他剃完，我才颤抖着来到镜子前，发现我留了许久的头发只剩下大约三厘米长，我又成了寸头！看了良久，我眼睛红红地回到房间，哭得那叫一个撕心裂肺啊！这样，我的第一次留长发计划玩完了。

十二岁时，我终于突破阻碍，留得了我所喜爱的"锅盖头"。

可是，老爸总是看着我的头发不顺眼。他几次三番地说："寸头好看。"老爸想方设法地要剪我的头发。有一次他说："我晚上来把你头发剪了。"吓得我那天晚上生生熬到十二点才睡着。我怎么也想不明白，为什么老爸对我的头发总有意见，难道光头老爸一定要寸头儿子才更搭？难道我成了寸头更像以前的他？

这个周末，因为头晚熬夜的原因，我睡到中午十一点才起床。走进卫生间洗漱才发现，老爸在里面剃着他雪亮的大光头上长出的一点儿小杂毛。一股危险的感觉蓦地涌上心头，我连滚带爬地破门而出，生怕被老爸抓到，又要享受他的"大礼包"。

惊魂刚定，我突然听到老爸粗大的嗓门："儿子，剪个寸头吧。保证好看！"

怀念被淹没了一厘米

单雯慧

秋天,当沉重的雾卧在天空;当金色的光线使森林布满斑点;当大雁飞过,花儿死去,草儿病萎,这时,我多么想念我家乡的老太太。

万籁俱寂,当雪厚厚地堆着,窗台上像是铺了温暖的棉花;窗格子显得宽了,玻璃上结了冰纹,光线暗淡而宁静,更加强了屋内舒适愉快的感觉。这个时候,我家老太太总是边织着毛衣边和我讲起过去时光里的点点滴滴,时不时用手比画着。"前阵子对面的张三的爹妈被接去城里住啦。"老太太的眼里似乎闪着些许难以看透的星,也许是憧憬,也许是羡慕,也许是难过。"等我长大了,我也把您接出去住。"我天真地回答着,却看见老太太的眼里泛着晶莹剔透的泪光。

春天的到来似乎让许多人都觉得毫无征兆。一转眼,从漫长的冬日变成了花开的时候。那盛开的花儿，与红瓦古厝辉映，炽红欲燃，霞光灿烂，像是一首壮丽恢宏的诗。

事情的发展有时就像抛物线，一路上升，过了制高点就不可避免地坠落。老太太去世了。我听到这个消息的时候，心脏就像被一只无形的手用力扯着，痛得快要无法呼吸。周围的哭声全都传不进我的耳朵，我清晰地听到自己的心碎声，哗啦啦，就像玻璃破碎的声音，那么清脆。

老太太的去世毫无征兆。那晚和以往一样，老太太不允许餐桌上任何一个人有剩饭。那晚我吃饭前吃了太多的零食以至于吃不下饭。"当当！"老太太的筷子敲了敲我的碗。"慧慧，你还有一口饭没吃呢！当年我们只有啃树皮的份，这饭不许浪费啊。"老太太一本正经地对我说，却每一个字都含糊不清。那晚，和以往一样，老太太在洗过澡后就早早地上了床，然后安心地去了。

回忆着那晚发生的事，我的脸上划过一道哀伤，留下一道完美的弧线。那是泪吗？是的，那是泪。

好像还没有剧烈的炎热，秋天一个仓促的场面，匆匆卷上枝头。树叶越来越多地往下掉，黄色卷席了整个山头。

时间顺着秋天的痕迹，漫上脚背，潮水翻涌高涨，对老太太的怀念就这样被淹没了一厘米。飞鸟已经走了很长一段时间，树枝与树枝间就变得越来越安静，于是落叶掉下来都有了轰隆的声响。

和母亲牵手

汤雨笛

远远地,夕阳下,我和母亲手牵着手向前走着,一股甜蜜的热流萦绕在我的心间……

"闲着没事,出去走走吧。"母亲笑道。

对母亲的这个提议,我似乎很满意,马上跑去换鞋,无声地赞同了她的想法。

走出门外,风轻柔地抚过我的脸颊,蓝天白云,绿树繁花,清香的空气缓缓流进我的心里,带走了疲惫,换来了满心的阳光。

母亲和我走在一条静谧的林荫小道上,我们都在为内心的愉悦笑着。我们走得慢慢的,把步子压得轻轻的,极其悠然。"这里可真是一个散步的好地方!"母亲由衷地称赞着。"是啊,以后您带我多来这里走走。"我也微微笑道。"你也不要总是待在家里埋头看巴金的作品,晚上要早一点儿睡的。"母亲淡淡地说。我笑出了声,想不到母亲竟如此清楚地了解此事,什么都瞒不过她的眼睛。

我们沉默着走了一段路。

我想从脑子里搜刮出一点儿好玩的事来。云也淡淡,风也轻轻,我的全身都沉醉在这如画的风景里,我的脑子也沉浸其中,自然是空空如也,好像电脑的回收站清空。

远处山头显现出一片翠绿,水汪汪的,我仿佛可以看见根根小草正倔强地挺立着,任凭风怎样努力地拉拽,都傲然地站在那里。

目光从远处收回,我又东张西望地观察着身边的美景。阳光就像游动的音符,在空气中快乐地飘浮着,随处可嗅到希望的芬芳。一座老屋,一群孩子,他们都在小道旁的田野上,孩子们嬉笑着,带着天真,追逐着快乐的方向,有些调皮,有些叛逆。老屋像一个智慧而慈祥的老者,默默凝视着这些孩子游戏、飞跑,应和着跌宕起伏的音波,奔驰在梦想的旷野。老屋静静守候在这里,几十年了,就像是我的母亲,幸福地在终点张望着,等待着我的归来。

我看着,想着,不由得收住了脚步,驻足观望,以前的我,不也像这一群孩子,充满期待地奔跑在快乐的童年里吗?

那时的母亲,总是不停地在阳台上喊我回家吃饭,空气里充满了爱的温馨——是啊,快乐的童年,不正是母亲用爱的光环托起的吗?

我将双眼望向母亲,而母亲也正看向我。翠绿的树叶在风中沙沙作响,太阳在云里遮遮藏藏。我笑了,母亲也笑了。

我悄悄地把手伸向母亲的手,紧紧地握着。

远远地,在夕阳辉映下,我和母亲手牵手齐步向前……

那些爱的"傻事"

吴昕宇

记得有一位好朋友告诉过我"爱会使人的智商降低"。我只当这是一句玩笑,可没想到我身边的许多事都一一验证了这个理论。

假期的一天下午,我完成了当天的作业后,揉了揉酸痛的眼睛,打算好好休息,睡上一觉。

不知多久以后,我醒了。抬起手看了一眼手表,发现吃晚饭的时间已经过了近两个小时了,我急忙下楼。到了楼下,我却发现只有奶奶一个人在,其他的人都不在。我还没来得及张嘴问个究竟,奶奶就向我扔来了一大堆问题:"你去哪里了,为什么晚饭不回家吃?为什么这么晚才回来?怎么不打电话说一声,手机也打不通?"我告诉奶奶是因为我睡觉忘了时间,手机忘了充电。奶奶顿时放心了,爸爸、妈妈还有爷爷知道这个消息后都陆陆续续地回家了。

　　这时我才知道，他们找了我整整两个小时，也担心了两个小时。在这两个小时里，他们去了我的外婆家、阿姨家、朋友家，甚至还去了我常去的小店。你说这些举动傻不傻？

　　仔细回想，我也曾像他们一样傻过。一次周末，我和妹妹一起去爬山，她这平时娇惯了的大小姐哪里吃得消，走几分钟就要休息一会儿，还说不用我等。渐渐地，我们之间的距离越拉越远。我回头见不着她的踪影，就决定等她，可过了很久，她依然没有赶上来。

　　我一看路面上刚下过雨，有点儿滑，上面还有一些会滚动的小石子，又想起在一小段路上没有护栏，心中不禁担心起来。我什么也没想，立刻往山下跑。看见妹妹时，她正坐在路边的凉亭里喝着饮料，吃着零食。

　　她告诉我，她觉得累了就在亭子里休息，打算一会儿再赶上我。她看见我这上气不接下气的样子，就笑嘻嘻地说："姐，你看我这么大个人了会出什么事？就算出了事也会给你打电话呀！你不用这么紧张！"她说得对，这平常人都会想到的事我却偏偏没想到。看来，我的朋友说得对，爱真的会使人的智商降低。

　　这种傻傻的小事多得数不胜数，这傻傻的爱需要我们用心去体会。

虞小鱼的满天星

蔡璐瑶

那一天,少女看着手中的满天星,笑得那样明媚,那样灿烂。

满天星的花小小的,有很多种颜色,满天星的花瓣像小雏菊,却更加小,更加美,看着让人满心愉悦。我最喜欢的满天星,是蓝色的。因为,我和他的第一次相见,就有满天星,那束蓝色的,小小的花。

他是我以前的邻居,姓虞,但很好玩儿,他很怕鱼,所以我们打趣他,都叫他虞小鱼。

虞小鱼的爸爸是一名魔术师,在游乐园里工作,有时候也会带着虞小鱼和他妈妈去看他的表演,所以虞小鱼也会魔术。

初次见面的时候,虞小鱼穿着黑色的休闲服,下面一条休闲的牛仔裤,显得整个人瘦瘦的。他走到我面前,抬起他的手，手腕一翻转，那双白净修长的手上就出现了一束满天星。蓝色的满天星在他的手里安静地躺着，我就直直地怔在了那里，也不知是他的手好看吸引了我，还是花好看吸引了我。他看着我的反应，笑得像得了蜜糖的孩子那样兴奋，嘴角咧成了爱心形。

那天，是我的生日，我满心欢喜，醒来却只看见一行字："瑶，爸爸妈妈出去了。"我虽然有些失落，但总觉得他们下午就会回来。左等右等，十二点了，十二点半了，下午一点了，我的心情越来越失落，欢喜与失落间的差距太大，让我接受不了。我赌气似的走出家门，却不知去哪里，只好来到离家不远的小公园。

我坐在秋千上摇啊摇，希望他们回来了可以发现我。就在我无聊到爆的时候，虞小鱼出现了。他走到我面前后蹲下，看着我，说："不要难过，不要不开心。你看，我给你变出一个能够带走烦恼的红色气球。"说着，他扯下了我的皮筋，把它放在手心里，将一端拉直，对着另一端吹气。我直怔怔地盯着他，怕错失了什么。只见他吹了一会儿，手一翻，手中就出现了一个红色的气球。

"你看，能带走悲伤的红色气球。"他把气球放在我的手心，看着我呆呆的样子嘴角又咧成了爱心形。"小寿星，走吧！"他摸了摸我的脑袋，拉起了我的手，像个哥哥一样，让我感到了温暖，我的嘴角也扬起了笑。

虞小鱼拉着我到了家门口，一开门"砰"的一声在耳边响起,爸爸手中捧着一个大蛋糕,妈妈拉起了我的手,在我的头上戴上了一顶三角帽。"小寿星,我们怎么会忘记你的生日呢?"虞小鱼笑着送了我一束白色的满天星。我问,"为什么是白色的?"他笑嘻嘻地回答,"白色的满天星象征着我们美好的友谊。"

那天,少女看着手中白色的满天星,眼眶微微湿润了。而嘴角,是一抹淡淡的笑。

纸飞机的怀念

何佳骊

路旁的梧桐树在风中摇曳着。它的枯黄，从叶脉慢慢流出，最终染上了大地的一片荒凉。在这个透着寒意的秋日中伴着丝丝暖意。那一次，我遇见了你。

在滑滑梯旁因为摔了一跤，哭得撕心裂肺的七岁的我；那个身着白衬衣笑容干净，向我伸出援手的你。你递给我一张纸巾，还有一只刚折好的纸飞机，笑道："别再哭了哟，再哭会变丑的哟。"哭声顿时没了，小脸上漾起小小的酒窝，我擦了两把眼泪，站了起来。那天下午我们在嘻嘻哈哈中度过。纸飞机随风飞去，那时那刻那场景，却深深印在我心里。

再一次遇到你，在小学五年级我转学到了新学校。你长高了，像挺拔的梧桐一样。或许你并没有认出我，可我第一眼就看到了你。可能是缘分使然，我们很快就成了很好的朋友，一起吃饭，学习，玩耍，打游戏。可是那一次的误会，如响晴的天，下起骤雨，无论我如何努力地想要握住，风却带着记忆吹得好远，怎么也找不回。

　　午睡照常，教室安静得听不见落笔的声音，我坐在讲台上，管理纪律。忽然吱吱嘎嘎的声音响彻全班，把窗子上停落的蝴蝶也惊得飞了出去，我的眉头皱了起来，顺着声音望去，只见班上"大吵包"扭来扭去地移动着凳子，脸上满是笑意。他显然在干什么见不得光的勾当，我一脸严肃地朝他走去，拍了拍他的背，示意他别再吵闹。可能是下手重了，惹恼了他。他"砰"的一下拍桌而起，说你再打下试试。我顿时也不服气了，和他打了起来。我们的声音惊醒了全班人，作为管理者，这是极其失败的，我一脸愤怒地看着他，甩手走出了教室。

　　当我再次走进教室时，入耳的是全班的窃窃私语，他们眼底的笑意似是嘲讽我的不自量力，似是可怜我的遭遇。就连那个和我最要好的他，也是笑语连连。我觉得心塞塞的，像牢牢地堵着块大石头，进不去也出不来。那天我丢尽了脸，也失去了一个最好的朋友。

　　从那以后，我没再和他说过一句话，见到他就绕着走，碰到了也是一声冷哼就走开。

　　就这样，到了毕业。开完毕业典礼，我便收拾书包回家了。回到家后，打开书包，一盒五颜六色的纸飞机映入眼帘。和小时候的那只多像啊。我的眼眶渐渐湿润，原来你我从来没有放弃彼此，可是却再也没有机会回到当初的时光了。

外婆的铜镜

陈思宇

我常常偷偷地照镜子，对着镜子呆呆地发笑。

外婆家的桃木桌上摆放着一面很大的铜镜，这面铜镜锈迹斑斑，背面有镂空的花纹，显得古老而又神秘。窗外透过的光线，把镜面折叠又揉碎，柔黄的光线隐隐约约映照出外婆的轮廓。

小时候，我常住在外婆家。外婆常坐在门前的石板上择菜，织毛衣……等我和小伙伴在外头玩儿了一天回家，外婆便会老远就朝我招手，一边喊着："丫头，回来啦？"等我走到外婆跟前，外婆见我的头发毛毛地蓬着，就刮一下我的鼻子，把我拉到铜镜前的木凳上。我这时便会乖乖地坐下。外婆从她的小木盒里取出一把别致的、用木头做的梳子，解下我的头绳。

她用她温暖的手抚摸着我的头发，仿佛要把我的黑丝焐化了似的。她对我轻声地说："丫头，外婆给你梳两条麻花辫怎么样？"这时，我便会拍手叫好，用幼稚的声音表示着我当时的欣喜。外婆把我的头发分成两半，每边又都分成三股，她粗粗的手指在头发间穿梭着。我凝视着镜子里的自己，小小的鼻子，小小的眼和小小的唇。外婆也看着镜子中的我，微微浅笑："我的丫头最好看啦！多可爱呀！"我听了外婆的话，嘴角上扬，"嘎嘎嘎"笑出声来。外婆也随着我一同发笑，她脸上的皱纹也舒展开来。

她给我绑好头绳，"好啦！"外婆欣喜地说。我看着镜中的自己，活跃起来。我冲出门外，在庭院里一跳一跳的。两只小辫也跟着一甩一甩的。外婆倚在门边笑眯眯地看着我。

时间不会为任何人停留片刻。我慢慢地长大了，外婆慢慢地变老了。突然有一天，外婆病倒了。这个消息如同千斤大石砸在了我的心口，让我喘不过气来。我推开病房的门，里面很安静。我放轻脚步走进去，外婆穿着病号服，躺在床上。这件病号服很不合身，松松地贴在外婆消瘦的身上。外婆两眼直直地盯着天花板，那么的空洞，那么的无神。我轻轻喊了一声"外婆"，走到跟前，握住外婆冰冷的手，外婆的眼睛立刻闪现出一丝光彩，嘴巴张了张，说不出话来。

死神套住了外婆的背影，背影拉长了，一颗星星落下了。

如今，我站在铜镜前，再也看不到外婆的面容了。我的眼睛，不知什么时候下雨了。

月 牙 笑 眼

梁静怡

时间太瘦，指缝太宽。面前的你，亦是逃不过岁月的洗礼。奶奶，老了。皱巴的脸，龟裂的手，驮着的背。永不会变的，是那月牙般的笑眼……

小的时候，爸爸叫奶奶到城里来照顾我。奶奶欢喜我这孙女，收拾收拾，便来了。

记忆中的夜晚，我总是含着笑入睡的。直到现在，老人也常常跟大家提起，我小时候就与其他孩子不同。人家都喜欢抱着玩偶入睡，就我喜欢枕着奶奶从集市上精心挑选的小毛毯睡。无论什么情况下，只要它在，我就一定能睡得安稳。至今我还疑惑着，为什么我会喜欢它？是因为它有着奶奶身上淡淡的香，抑或是别的？我也不知道。

我知道的是，奶奶烧得一手好菜。躺在床上时，看着那鼓起的小肚皮，我的心里就会特别满足。闭上眼，猜想着奶奶明天会给我准备什么美味，真是世界上最美好的事情！

记忆中的早晨，我也是含着笑醒来的。我从不赖床，因为我是寻着香醒的。仿佛是被无形的魔力控制住了一般，不管那梦是多美丽，多动人，又是多吓人，那诱人的菜香飘进梦来，催促着我赶快起床，趁早品尝美味。于是，我再也抑制不住了，经常会像做了噩梦一般猛地坐起来。这可把爸爸妈妈吓得不轻，他们赶紧过来问我怎么了，却看到我的嘴角是扬着的！

"我要吃三明治！"我起身就往餐厅跑去，并没有注意到刚才自己的怪异。眼前一盘盘食物，色香俱全，口水又很不争气地流了下来。我拿起手就抓，几样东西一起往嘴里塞，齿间溢满了甜蜜的味道。啊，这世上，还有更幸福的事吗？奶奶看着我，笑了。那笑容，慈祥、温柔、美好，美丽的笑眼，犹如星空中的月牙，深深地嵌了进去，闪烁着点点光芒。

奶奶是我的靠山，我是奶奶的宠儿。每当爸爸妈妈说我的时候，我都会跟奶奶告状。爸爸妈妈说我太胖，让我少吃点儿东西的时候，奶奶都会帮着我护着我。有奶奶真好，可以在家里横冲直撞，再也不用害怕被爸爸妈妈骂了。

刚刚入秋，奶奶就会织很多毛衣，逼着我穿上。我觉得它们笨拙、丑陋，我不喜欢它们。这个在大家看来最舒适最最喜悦的季节，却是我最讨厌、最烦躁的。那些毛衣如同唐僧给齐天大圣施的紧箍咒一般，让我恨恨然。

直到有一天，我看见奶奶戴着老花镜，棒针在她冒着青筋的手上笨拙地一上一下，银白的发丝在泛黄的灯光下闪烁着，我的心突然被刺疼了……我的奶奶，她老了。

时光啊，你能走慢一点儿吗？

爷爷和月亮都累了

斯展鹏

苍白的月光透过昏暗的枝丫，在地上显出支离破碎的影子。凄凉婉转的丧曲，更是增添了悲凉的气氛。

从小，爷爷就是最爱我的亲人。不管我想吃什么美食，或者是喜欢什么玩具，爷爷总会一件不落地帮我买回来。犹记得那个满月的夜晚，我和爷爷一起躺在床上看电视，爷爷听得如痴如醉，还会偶尔跟着咿咿呀呀地唱。可是，那怪腔怪调的京剧让我极不适应，我模糊不清地说了一句，爷爷居然马上明白了我的意思，把他酷爱的京剧调成了动画片。

还记得那个早晨，微弱的阳光仿佛在为融化树枝上的冰凌努力着。我和爷爷走在公园的鹅卵石上。公园里有一个湖，有两人正拿着一根竿子在钓鱼。我用手指了指湖面，意思是想要钓鱼。时常与我待在一起的爷爷当然知道我的意思，他不知从什么地方找来了一根细线，并折下了一根树枝为我做了一个鱼竿。看着这别具一格的鱼竿，我高兴得蹦跶起来。

后来，也不知过了多久，我在钓鱼的时候睡着了。爷爷背着我，原本缓慢的步伐更加缓慢。即便如此，爷爷还不忘拿上我的鱼竿。回家后，爷爷累得说不出话来。他坐在窗边，拿过那台旧旧的收音机，将声音调了又调，他喜欢的京剧因为放低了声音，让耳背的他几乎听不清。他怕把我吵醒，宁可委屈自己。

我一直睡到夜晚才醒来。明亮的月光照在爷爷苍白的头发上，照在他皱纹密布的脸上。我看着爷爷带回来的钓鱼竿，又兴奋了一阵。可我，没有注意到爷爷的背又驼了很多。

如今，时光仿佛摁了快速键。爷爷老了，老得只会一直睡着，老得再也不会理我。

苍白的月光透过窗户，照在爷爷的脸上。我望着躺在床上的爷爷，眼泪不听使唤地跑出来。爷爷，您爱的收音机就在这里，您最喜欢听的京剧我已经调好了。爷爷，您亲手给我做的鱼竿我还留着。您知道吗？没有您的陪伴，它再也不像从前那样充满乐趣。

那轮月亮似乎因为走了一夜，也累了。月光像忽明忽暗的烛光闪烁着。那烛光里，有一位佝偻着背的老人倚在窗边，一个旧旧的收音机正放着咿咿呀呀的京剧。

她教会我一个字

王子言

我一直很想要一个妹妹,那样我就有伴了。盼啊盼,妈妈终于怀孕了。我们对妈妈百般照顾,希望妹妹在妈妈肚子里健康地成长。

漫长的十个月过去了,随着一声啼哭,一个小小的生命诞生了。果然是我盼望的妹妹,她长得粉嘟嘟的,像一个嫩嫩的桃子。我看着可爱的妹妹,心里已经亲了她几百遍。

妈妈出院了,回到家中的妹妹成为全家的核心。原先沉默的气氛一瞬间被打破,变得欢快起来。妹妹哭了,妹妹拉了,妹妹饿了,妹妹笑了……妹妹每一个微小的变化都能吸引爸爸和妈妈的目光,得到他们很夸张的关注。

"爸爸,我想吃柚子。""等一下。"

"妈妈,我的袜子去哪了?""等一下。"

要搁以前,我的每一个需求都像皇帝的命令,从来不会被怠慢一秒钟。没想到自从有了妹妹，我的江湖地位一落千丈。我不想戳穿，依旧和爸爸妈妈其乐融融地生活着。

写作业的时候，妹妹常常会弄出很多事儿，妈妈就常常跑进房间，用最好听的声音对妹妹说话。但妈妈一出来看我，声音就会变得很严厉。我听得浑身不舒服，但爸爸妈妈的话总是得听的，我不得不表面上做出听从的样子。可是次数多了，我的反抗心理滋长了，并且与日俱增。我开始讨厌妹妹，觉得她不该出生，是她的到来，剥夺了原先属于我的爱。

一天，爸爸妈妈有事出门，剩下我和保姆在家。我进房间去看妹妹，妹妹正在研究她的小手和小脚。她一会儿起劲地吃小手，一会儿又去吃小脚，把袜子也给啃掉了。我故意发出一个怪声，好吓一下她。她果然被吓了一跳。趁着她还未反应过来，我又使劲地冲她坏笑。她看着我，露出了天真的笑容，像早晨的阳光一样清澈。过了一会儿，她激动得翻过身去又翻回来，脸上依旧挂着纯真的笑容，咯咯咯的笑声像青草上的露珠。看着看着，我心中的那块石头被妹妹感化了。

从那以后，我不再讨厌妹妹，每天放学回家我总是先去看妹妹，看她幼稚又欢乐的样子。看到爸爸妈妈这么爱妹妹，我由衷地高兴。

谢谢你，妹妹。你让我懂得了一个字——爱。爱是一朵美丽的花儿，让每一个日子柔软，芬芳。

秋天的怀念

蒋双霜

岁月流转,时光静静地流逝。金秋的风,悄悄地拂过窗棂,轻轻地掀起清秋面纱。

我来到外公家,静静地站在那棵槐树下,槐花经秋风吹拂,一朵朵落下。我捡起一朵槐花,回想起那时的外公。

在我很小的时候,每次来到外婆家,外公总会带着我,拿一些麻袋铺在大槐树下,然后摸着我的头,笑着和我说:"双,我们把槐花摇下来,晒干了喝香喷喷的槐花茶,好吗?"我听了一边跳一边拍手,叫起来:"好啊好啊,又有香喷喷的槐花茶喝喽!"外公只是笑笑,领着我来到槐树下,说:"来,我们抱着大树摇啊摇,树上的槐花就会被我们摇下来。你来试试?"我听了,迫不及待地冲上去,还嚷着:"先让我来!"我跑过去,整个人撞在了树上。那树呢，似乎纹丝不动，只有两三朵槐花给我点儿面子，飘飘悠悠地落了下来。我不甘心，想要再冲一次，但最终还是被外公拦住了。外公慈祥地说道："要摇啊小傻瓜，你力气这么小，一个人怎么摇得动，撞得动呢？"说完，外公便上去抱住大槐树，使劲地摇啊摇。果然，槐花如下雨般，一个个落下来，乖乖地躺在麻袋上，一会儿工夫就摇了厚厚的一层，我和外公同心协力地把槐花收入袋中。

可现在，外公老了，背也驼了，已经没有力气再去摇槐树了。我真的好怀念那个时候，外公带着我摇槐花。

如今，我长大了，槐树老了，晒出的槐花也苦了。我静静地站在槐树下，捡起一朵被风儿吹落的槐花，闻着它的清香。"双，摇槐花啊！"外公弓着背朝我喊。可我却没有以前那股想摇槐花的劲了。

岁月流逝得这么快，以前的那些人和事，化作点滴斑斓，飞散在这个金秋的季节里。

父母的爱情

张子涵

  如果用一个词来形容我爸妈的状态的话,那就用"虎妈猫爸"最合适不过了。我妈的性格比较乐观,对什么事都有主见。我的爸爸在生活中比较稳重,也很有条理,说话比较柔和。我爸碰上我妈这女强人只有屈服了,凡事我爸都听从我妈的。

  在平时做事时,我爸听我妈的,在我学习上也是如此。我一做不好,我妈就会大声训斥,我心里挺委屈,我爸就过来安慰我,为我说几句话,有时我妈也不会太在意。可有时我爸只是说了一句话,我妈听了就不太乐意,就直接双眼瞪我爸,我爸就不再继续安慰我,只好摆出一副新的姿态,去安慰我妈了。我此时就想,老爸还真累呀,不仅要安慰我,还要安慰我妈。

  我爸妈还有比较奇怪的一点,也是天下父母比较奇怪的一点，就是总在没有事的时候埋怨对方。我妈总是对我说："当年我真是瞎了眼，嫁给了你爸。"而我爸也总是说："我当年真是瞎了眼，娶了你妈。"唉——他们总是相互抱怨，但有时恩爱起来我都看不下去。

天下没有不吵架的夫妻，他们总是会为一些鸡毛蒜皮的小事吵上一架。有一回，老爸去义乌的时候忘记带上老妈，让老妈等了很长时间。老妈特别生气，差点儿连屋顶都掀了。那次去义乌只是买一点儿东西，也很快就回来了。估计老妈生气不是因为自己没亲自去买，而是怪老爸不守信，放了她"鸽子"。事后老爸慎重地道了歉，老妈才放他一马。

只要是吵架，老爸就会让老妈，因为在老爸眼中，这些都是小事，没有什么好吵的。还好老爸有这种思想，否则，双方吵起来就没有结局了。

我爸不太懂浪漫，情人节，街上有很多卖玫瑰的，我和他俩去逛街，故意说自己今天不宜出门。老妈问："为什么？"我说："今天应属于你和爸。"老妈淡淡地回答道："你爸懂什么。"我再看看老爸打着电话沉浸在工作中的样子，丝毫没听见我和妈的讨论。

"唉，你爸不懂浪漫，情有可原。"妈总是这么说。

父母之间的爱情不要多么的华丽，再浪漫的爱情，也有花开花谢时。其实，平淡的生活才是磨炼爱情的最佳武器，这种爱，如果能够持久，才是人生中最快乐的时光。

绵羊和绵羊一样的云朵

陈 全

绵羊米歇尔，最爱两样东西：树莓和长得像绵羊一样的云朵。

可他觉得自己倒霉透了。

他发现自己无论如何也只能吃到树莓，不管怎样伸长脖子，甚至是伸出舌头，也碰不到那些绵羊一样的云一丝一毫。

米歇尔很羡慕那些长翅膀的鸟，可以飞向那些美味的云朵。

这天，米歇尔在草地上望着渐渐变深的天空，发着呆。

突然一只小羊跑过来："米歇尔，你忘了吗？今天是星期天，老者又要讲故事了！"米歇尔反应过来，马上跟着小羊回到羊圈。

羊圈中，绵羊们正团团围住一只老羊，等待故事开讲。

米歇尔刚到场，老羊就开讲了：

"这个故事，是我还没来到这里时，听隔壁围栏的一只猪说的。他告诉我，他有一个朋友。噢，当然也是一只猪。

"那只猪因为惧怕黑暗，就想长出一双翅膀逃离黑暗。他明白，要飞起来，就得减轻体重。

"他便开始只吃素食，并且每次只吃一点点。不知过了多久，几个月，还是几年，他没给我讲清楚，我也不知道。咩，我跑题了。

"那只猪就一直这样减肥，他相信终有一天他会飞离黑夜的。就在一天晚上，他突然觉得两条前腿很痒，这时，他的前腿变成了一对翅膀，他飞上了天空，到达了光明之地。"

故事结束，绵羊们都散去了，唯独米歇尔站在那里。他突然有了主意。

米歇尔盘算着，减肥完全行得通。我本来就只吃素，少吃一些就一定能瘦下去。瘦下去就可以飞上天去吃美食了。

他开始实行他的减肥计划。当同伴们都在享用美味的牧草时，他在望着天上的绵羊云发呆。他饿了就喝一点儿水，饿得实在不行时才吃一口青草，依旧在幻想着美味的云朵。

晨风和露水又迎来了新的一天。早晨，真美好！米歇尔想着。他看到一颗树莓，树莓上还挂着露珠，在清晨鸟儿的歌声中一颤一颤的，米歇尔忍不住张嘴去咬。但天上飘过的云制止了他，绵羊一样的云朵让他的心也一颤一颤的。

想了想，米歇尔还是咬下了树莓，放在了老者面前，低声请求道："那只猪飞上天后怎么样了？求您告诉我！"

老羊吃了树莓，慢吞吞地说："他一直待在天上，下不来了。"那正是我想要的。米歇尔高兴极了。

于是米歇尔吃得越来越少，也放弃了最爱的树莓，每次他见到好吃的，就会拿去给老者，然后问一些关于那只会飞的猪的事。

又一次，老者受不了了。"一个月。一个月后你就会飞了。"

这以后，米歇尔几乎不吃东西了，他的心里只装着绵羊一般的云朵。

终于有一天，米歇尔感觉身子一轻便飞上了天空。他很高兴，刚想下去给老者道谢，却发现草地上躺着另一个自己，这个自己却向高处飞去，耳边传来绵羊们的议论。"米歇尔怎么了？""刚才还好好的。""他是死了吗？"

"他飞走了。"是老者的声音。米歇尔向老者大声求助，可老者听不见。

在无法停止的上升中，米歇尔感到原来自己是那么爱美味的树莓和鲜嫩的青草。

快乐的田野

陈智皓

还记得那年,我、老爸、老妈,还有爷爷和奶奶,一起去田野里玩耍。

我和老爸在田地里捉蚂蚁、蝴蝶、螳螂。老妈呢,在田野里和各色各样的花合照自拍。唉,自恋的人真无可救药啊。而爷爷和奶奶呢,就一直在田野里打牌。

说起当时一件事来,到现在我还是忍俊不禁。

我们一直按照这个样子在玩。突然,我手里好不容易捉住的一只螳螂跳走了。

我大惊失色,大喊道:"老爸,快过来,我的螳螂跑啦,赶紧帮我捉住它。"

老爸听到后,像精灵一样倏地就来到了我身旁。

我和老爸努力地想要捉住这只螳螂,但这只螳螂用尽全身的力量往前跳,往前跳,往前跳。我和老爸始终捉不住它。

过了一会儿,螳螂跳到了爷爷身旁。我大喊:"爷爷,您身边有一只螳螂!"

爷爷转过头来,手也张开着,一张扑克牌也拿在手中。螳螂一直拼命地往前跳,就跳进爷爷手中了。螳螂突然感觉有啥堵住了跳不过去,本想往回跳的,又怕被我们捉住,只能一个劲地往前挤。爷爷觉得手心有啥东西在动。一想,也许是春风吹过,树叶在颤抖吧。

爷爷便不理我们,回过头来对着奶奶说:"出。"一下子就打出了一张扑克牌和一只躺在扑克牌上的螳螂。爷爷奶奶盯着扑克牌上的螳螂,斜着脑袋疑惑不解,两个人完全蒙了。

我看见这一幕,马上转悲为喜,整个人都趴在草地上了,一边用手拍着草地,一边大笑。身旁的老爸也边捂住嘴巴,边用脚用力地往地上踩。当然,嘴捂得再严实,笑声也是溢出来了。连自恋的老妈看到这些,也在旁边笑得花枝乱颤的。最后爷爷奶奶也笑了。笑声穿过田野,穿过农庄,方圆五百里全被我们的笑声给湮没了。

哈哈哈,现在我又情不自禁地笑了!

奶奶的缝纫机

楼 渊

奶奶是一名缝纫大师。

记得小时候,我的衣服都是她缝制的。奶奶总会抚摸着缝纫机开始缝纫,先挑选一块布料,再拿起裁衣刀裁剪,裁衣刀如有神助。每每因材施刀,惜料如金,而绝无败笔之憾、费料之嫌。接着,奶奶踩着她那老旧的吱吱作响的缝纫机开始了工作。吱嘎声便不绝于耳,针脚细如牛毛,匀若蚁足,丝毫不露布缝匹隙之丑。最后,便是熨衣了。奶奶的熨功出神入化,圆润娴熟,件件衣服都服帖挺秀,褶感流畅。

奶奶拿新衣服为我试穿时,我总是捧着衣服,打着转儿,嘴里发出银铃般的笑声:"哈哈,奶奶又给我做衣服了,摸上去好舒服好舒服。"奶奶的嘴角不由得上扬,脸上盛开了一朵菊花。"淘气鬼,再跑,就不给你做衣服了。"我立马停止了奔跑,一脸无辜:"不跑了,奶奶不要不给乐乐做衣服嘛。"我顺势摇了摇奶奶的大手,"乐乐要蓝色的。"奶奶溺爱地拍拍我的头,说道:"遵命!"

来到小城上小学后,看着别人穿着时尚而漂亮的衣服,再对比自己的花袄,虚荣心开始不断地膨胀。我开始嫌弃奶奶做的衣服了,就让妈妈给我购买了几件时尚的衣服。

过年回家时,奶奶高兴地递来一捆衣服,念叨着:"乐乐,今年天气特别冷,多穿几件衣服呀,那样才不会感冒。"我摇摇手,指着手中拎着的袋子,说道:"奶奶,你做的衣服太老土了,瞧,这是妈妈给我买的新衣服。"奶奶的脸突然变僵了,神色渐渐落寞下来,却挤出了一个笑容:"嗯,很好看,乐乐长大了,要穿漂亮的衣服,奶奶的衣服早就过时了……"

一年后,我走到那架旧缝纫机前,它锈迹斑斑,却一尘不染。可能是奶奶刚缝制过衣服。我摸着那粗糙的缝纫机,再想起那捆奶奶递给我的衣服,我终于明白了奶奶那份深深的爱。

我快速跑到奶奶的房间,轻声对奶奶说:"奶奶,乐乐想穿你给我做的衣服了。"奶奶的眼睛顿时发亮,声线有些颤抖:"好啊,快跟我来!"

老缝纫机又发出了"嘎吱"声。选料、裁衣、缝衣以及熨衣,在奶奶手中好像行云流水,我仿佛又回到了小时候那种无忧无虑天真烂漫的日子,奶奶看上去也显得精神和年轻了。

昏黄的灯光,密集的"嘎吱"声响起,祖孙俩又黏在了一起。这份关于缝纫机的爱,永远不会在岁月中老去。

童年的破摩托

徐天宇

有人说，父爱如山，可我却说，父爱如一个个不眠之夜，父爱如一天天疾行的摩托车。

我到现在仍记得很清楚，我两岁那年，家里只有辆破摩托，但我很怀念那辆摩托车身上的种种故事。

我小时不喜睡，只会在极度兴奋之后才会绵绵入睡，或是去江北玩一圈回来才睡，这已成习惯。父亲带我出去，就骑着那辆破摩托。

那时的江北什么也没有，没有彩灯，没有人群，节庆广场还是一片田野，显得分外凄凉。

可我就喜欢这样的环境，不到三十岁的年轻爸爸带着一个傻小子在公路上疾驰，年轻爸爸一紧一松地控制着油门，摩托车时快时慢地骑行在柏油马路上。年轻爸爸兴奋地大笑，对着空无一人的马路和看不见的星空大叫，那坐在摩托车上的傻小子也跟着欢笑，咿咿呀呀地说着一些无人懂的话语。

就这样，父子都很欢乐，在马路上，从晚上八点半到九点半，你也许看见过一辆破摩托，上面坐着一位年轻父亲和一个年幼的傻小子。

傻小子困了，回家了，含着年轻爸爸的大拇指，睡着了。傻小子不要奶嘴，奶嘴是难闻的塑料，他要的是爸爸的味道。

傻小子小时多病，半夜零点就开始无端发烧，于是那辆破摩托又载着他去医院。傻小子怕那根针扎在自己脑门儿上，又不喜吃药，每次都要折腾三四个小时才能完事。年轻爸爸很困，载着怀中脑门上被扎了四五个小红点的傻小子回家了。

傻小子喜欢吃零食，不喜欢吃饭；傻小子喜欢出去惹狗玩，不喜欢在家看动画片；傻小子喜欢当英雄，不喜欢洋娃娃……

所以年轻爸爸不吃饭，光顾着跟着跑着喂傻小子饭；所以年轻爸爸不睡觉，光顾着抱着傻小子跟狗赛跑；所以年轻爸爸不正义，光顾着当坏蛋被英雄打倒在地……然后傻小子长大了，年轻爸爸变老了。

现在家庭奔小康了，什么都有了，又什么都没有。破摩托没有了，取而代之的是奥迪宝马，它们很平稳，你怎么踩油门车座上也不会有震动。欢乐的爸爸好像也变成了忙碌的爸爸，傻小子只好在院子里跟蚂蚁萤火虫玩……

我，真的好想念以前那辆破摩托上的童年。

最美的疤痕

陆 悦

昏黄的灯光下,外婆戴着老花镜,一手拿着小针,一手拿着细线。外婆用嘴吮了吮细线,颤颤巍巍地拿着,往针眼里穿,可那细线就像不听话的毛毛虫一般扭动着,就是不肯往针眼里爬。

外婆没办法,只好把我叫来。我看着外婆的手臂,眼眶顿时湿润了。回忆像一根细丝,穿过时光的针孔,将往事缝补。

小时候,外婆总是在家煮好绿豆汤,等我回来喝。那绿豆饱满圆润,把自己青翠的绿渗透到水里,使原本清澈的水有了一丝丝绿色。水不断翻腾着,绿豆随着水的不断沸腾而滚动着。外婆拿着大汤勺在锅里搅拌着,一股浓郁的清香从锅里散发出来。外婆拿出一个精致的瓷碗,把绿豆装得满满的,还不忘撒上一些透亮的白糖,就像冬天树尖儿上的一层薄雪。

那天，外婆煮好了绿豆，来学校接我。走在半路上，闯过来一只野狗。"去！去！"外婆把我护在身后，驱赶着向我们狂吠的野狗，它就像张着血盆大口的妖怪，在向我愤怒地咆哮。

我一害怕，撒腿就跑，野狗冲着我吼了一声，向我瘦小的身躯扑来。我转过头来，看见那只向我扑来的野狗，紧张地闭上眼睛，等待着死神的降临。一秒钟过去了，两秒钟过去了，三秒钟过去了……我依旧没有感到任何痛苦。我睁开眼睛，只见外婆正捂着流血的手臂……

"外婆，您，您……"我几乎要哭了。"没事，外婆没事，你没事就好。"外婆抚摸着我的脑袋，笑着说。

"外婆，您的伤口还疼吗？"我看着外婆无意间露出的伤口，在心里一遍遍地问。红色的血像一张无形的血腥大网，把我笼在其中，我感到黑暗和恐慌。但是，这张大网又把所有的危险隔绝在外，把温暖与安心送进我的心头。

外婆的手臂，被这道长长的疤痕占据了大半位置。时光流转，它依然没有消减的迹象。但我认为，这是一道爱的疤痕，是世界上最美的疤痕。

我们是一家人

蔡安妮

从小,我和爸爸的相处模式就很特别,我们几乎天天拌嘴,是一对冤家。好在我有一个大我很多岁的姐姐。

那一年我只有四五岁。某个没有月亮的夜晚,我与父亲因为某件我已经记不得的小事情而发生了争吵。于是我开始跟他顶嘴,他说一句,我顶一句,完完全全地演绎了什么叫作"不知天高地厚",什么叫作"初生牛犊不怕虎"。

我们越吵越激烈,以至于后来父亲的怒气值达到了顶峰,眼看就要动手了。

好在母亲及时出现,对我说:"赶紧去睡吧。"

我赌气般地向厕所走去。当时姐姐正在里面洗漱,我便大力地拍门说:"我要上厕所!开门!"此时,我听见里面的响动,还有父亲带着怒气的话语,大概内容是我越来越不听话了之类的。

门开了,我朝里走去,姐姐为了给我让一个空位,往里走了走。然而由于地面湿滑,姐姐没有站稳,"砰"的一声,姐姐摔倒在地,鲜血直流!

我顿时哭了出来,母亲听到响动赶忙过来查看情况,只见姐姐满脸鲜血,她立马扶起姐姐,找来药物和棉棒帮姐姐处理伤口。姐姐的脸上有一块约成人拇指大小的伤口,看着十分恐怖。母亲说,也许以后会留下伤疤!

父亲也听到了响动,原本将要平息的怒气又冒出来了,他又开始对着我吼。姐姐当时已经消毒完了,看到怒气冲天的父亲,赶忙过来劝阻,将我护在身后。

我感觉眼泪在眼眶里打转,我忍了忍,眼泪还是不争气地流了下来。

父亲看到这样的场景,无奈地叹了口气,摆摆手让我们去睡吧。

躺在床上,我内疚地问姐姐疼吗,姐姐轻轻地说:"当然疼啊,但是也不是你的错,没关系,以后不要再这样惹爸爸生气了。"

时隔多年了,曾经我也问过姐姐,问她恨不恨我。她说:"没有。事情已经过去了。我怎么会恨你,我们是一家人啊。"我又是一阵感动。

现在姐姐在四川上大学,读英语专业。今年是我们不在一起过生日的第二年,我早已买好了生日礼物等她回来。

　　姐姐，我永远是你的妹妹，我们永远是一家人！

心碎的声音

金 玺

初秋的傍晚,光线挫去锐利的角,剩下模糊的光感,微微斜斜地透过玻璃,洒在那封未写完的信上。

亲爱的姐姐,我何时才能再次与你相逢?你,难道会因为我的无忌童言而不理我了吗?

那是一个初夏的早晨,我一如既往地坐在窗前,看着书,品着茶,突然听到一阵熟悉的呼喊:"小玺,我来了!"恍惚间,我看到表姐向我飞奔而来,我从椅子上蹦起来冲向表姐,两个人紧紧拥抱在一起。妈妈告诉我,表姐要上初三了,今年是特别关键的一年,为了方便,表姐要暂住我们家一年。我开心得一蹦三尺高。

我和表姐相处得很融洽。可是,好景不长,一包小小的彩虹糖改变了一切。一日,爸爸妈妈都要出去,把我和表姐独自留在家里。不知道表姐从哪里掏出一包彩虹糖,把我叫过去分享。表姐灵活地打开了包装袋，拿出一颗塞到我嘴里，一种说不出的诱惑涌入我的口腔，慢慢地滑入食道，消散在胃中。吃完了一颗，我伸出小手，指了指彩虹糖，笑眯眯地对表姐说了一句："我还要！"表姐又给了我两颗。我嫌太少，又向表姐要。谁知一向宠溺我的表姐冷冰冰地说了一句："你吃完那两颗再说！"

我顿时耍起了小性子，嘟着嘴说了一句："小气鬼。"表姐听到这三个字后脸拉了下来，用比刚才高八度的音调不耐烦地说道："你先吃完，待会儿再给你不就好了？我又不会不给你！"不知怎么的，我心中涌起了一阵怒火，冲表姐大声吼道："你就是个小气鬼！白吃白喝我们家那么多的东西，叫你再多给我两颗彩虹糖都不肯，你有本事别赖在我家！"表姐眼眶红红的，手中彩虹糖的袋子被掐得"吱吱"响。"行，我走，我马上就走！"说罢，她把手中的彩虹糖往地上一扔，跑回房间里收拾东西。

我突然意识到自己说的话是不是太过分了，当然，后悔也来不及了……

吃完晚饭，爸爸和妈妈把表姐送到车站，一而再，再而三地劝着表姐，不要走，留在家里吧，可终究被表姐谢绝了。

我一个人留在家中的那段时间真难熬啊。想看书，无论如何都静不下心来；想睡觉，又无论如何都睡不着。也许老天也在配合我吧。凄风刮过大街小巷,窗外的夜雨淅淅地下着,长一声短一声地敲着,如长短句的韵脚,不急不缓;如少女抚琴,低眉信手续续弹。凄冷的雨声俨然我的知己,敲打出心碎的声音……

　　夏末,姑姑来家里了。我躲在房间里不敢出去面对姑姑,毕竟我曾经伤害了表姐。那日夜里,我站在阳台上仰望天空,屏气凝神,思绪不禁涌上心头,回想起我和表姐曾经的一点一滴,泪水不禁涌出眼眶,模糊视线……夜更深了,我带着满脸的泪水回到房间,拿起纸和笔,给表姐写起信来……

爱 如 琴 声

王子言

当钢琴声掠过耳畔，我的心就会像小麻雀一样轻盈地飞翔。美妙的音符如层层叠叠的山脉，涌动着层层叠叠的美好。

六岁那年，我第一次上钢琴课。我认真地听老师讲课，努力地练习曲子。老师经常冲着我微笑，点头。

爸爸觉得我很有天赋，开始精心培养我。那时，我们住在简易的小平房里，物质生活很简单，但我觉得自己很开心。每天练完规定的两小时，我依旧坐在琴椅上不愿起来，继续精神饱满地练琴。

爸爸每天带着我在老师家和我们的小平房之间奔波，无论刮风还是下雨，他都没有间断过一次。我学到了越来越多的曲子，肖邦的圆舞曲、肖斯塔科维奇的西班牙舞曲等，我都能熟练地演奏。

就这样到了九岁。我对弹琴突然失去了兴趣。三年级了，作业量是原来的好几倍。如果再每天弹几小时的琴，我觉得自己会太累。那天，爸爸想听我弹琴，看看我学得怎么样了。我极不情愿地坐到钢琴前，好半天都没有移动手指。我沉默着。爸爸开始催我，我依然沉默着。

似乎耐不住这份安静的感觉，爸爸大声地喊道："你到底弹不弹？"当然，迎接他的还是沉默。

终于，我的沉默激起了爸爸心中的怒火，他抄起身边的衣架，向我挥了过来。一阵"咻咻"的声音在我耳边响起，只听"啪"的一声，我放声大哭起来："我弹还不行吗？"

我缓缓地抬起手臂，极不情愿地弹出了一些断断续续的音符。我忍住了心中的仇恨，努力使自己打起精神，弹出一首完整的曲子。

后来，我才知道，爸爸的衣架落到了他自己的腿上。

我突然觉得自己太不懂事了。

就算爸爸打我，我也不应该去恨他。我对弹琴的态度对爸爸何尝不是一种伤害？从小，爸爸就教育我，做事情不能半途而废。我为什么轻易地放弃自己的爱好呢？

从此，我又开始练琴了，还一连获得了好多金奖。老师夸我有天赋，其实我知道，是爸爸的鞭策让我重拾弹琴的兴趣。

爸爸的爱就像琴声，有时柔和，有时激越。我会珍藏这份爱，一直。

有一段时光叫流年

张佳琳

道路上，小巷中，路灯昏黄的光渗入浓稠的夜色。雨丝亮如银针，穿透层层纱幕，一扫白日的凄凉。树叶沙沙作响，给这暗沉的夜晚平添了几分活力。

我静静地走在校园的小路上。作文课写的作文让我想起了一位朋友，不记得她叫什么名字了，只记得最后一个字是蝶。忽地，发现前面的那棵树的枝干上似乎有什么，这……是蝶吗？走进细看，噢，不是，只是一只假的纸蝶，金黄的翅膀上有着许多黑色的小点，再加上粉，在路边的灯下犹如闪着光。这，是他们贴上去的吧！

"琳琳，猜猜我是谁？"忽然一只手捂住了我的眼睛。"黄思乐！""猜对了！你怎么知道的？""这还不简单吗？叫我这个名字的只有你啊！"她撇撇嘴。忽然，她又兴奋起来了。"看。"她眼中仿佛闪着金光，手指向了那边的一个花丛。"蝴蝶！好漂亮啊！"她叫着，飞快地跑向那花丛。那儿正有三只蝴蝶在翩翩飞舞。"看！我喜欢那只！"她指向一只金色的蝴蝶，翅膀有许多小点，一闪一闪的，在阳光下闪出耀眼的光芒。"嗯，我要把它拍下来！"她说着，拿出手机。正要拍时，一张网罩住了蝴蝶。

一个男孩儿抓住了蝴蝶，将它放入了一只透明的小瓶子，蝴蝶在瓶子里扑腾着。男孩儿拿着瓶子，如同来时一样匆匆跑走了。她拿着手机，望着男孩儿的身影远去。"唉！"她垂下了头。

"看！那儿还有三只！"我欢喜地叫着，拉着她跑过去，忘不了当时她的眼睛如同星辰般熠熠生辉。

"嘀！"手表上发出的整点钟的提示把我拉回了现实，望着眼前这只金色的蝴蝶，心中难免有一些复杂的心情。时光匆匆如流水，当年的朋友也失去了联系，只是从别人那儿打听到，其实，她已经不在这座城市了，去了一个有许多蝶的地方。

望着那远处的夜景，仿佛有几只金色的蝴蝶在翩翩飞舞……

弹错的音符

午后奇遇

胡皓翔

一个盛夏的午后,我正低着身子在大树下跟蚂蚁们"开战",不知不觉眼前的东西变得越来越模糊……

恍恍惚惚中,我发现周围的草长得比我还高,大树长到了云里,大树旁边的石头变得和山一样大了。再低头看看自己,长出了六只手脚,身体也分成了头、胸、腹三节。呀,我变成了一只蚂蚁!

正当不知所措的时候,我听到一个声音在呼救,循声找去,是一块石头压住了一只小蚂蚁。小蚂蚁哭着说:"刚才我正在搬一粒豆,忽然地动山摇,不知从哪飞来一块大石头,正好压住了我。我动不了了,救救我吧!"我用力去推那块石头,可石头纹丝不动。小蚂蚁哭得更厉害了,怎么办呢?我想起科学课上学过的杠杆原理,赶紧找来一根木棍,找到一个合适的支点,把全身的重量都压在杠杆上。大石头慢慢地松动了，小蚂蚁终于爬出来了。小蚂蚁告诉我，他是蚁后最喜欢的孩子，我救了他，蚁后一定会请我去做客的。

我送小蚂蚁回到了蚁穴，蚁后果然非常热情地招待了我。我们正开心地交谈着，一只兵蚁慌里慌张地冲进来："不好啦！不好啦！巨兽又来破坏我们的家啦！"蚁后马上派了一大队兵蚁前去迎战，我也跟着往外冲。我一看，啊！这"巨兽"不就是邻居家的大黄狗六六吗？六六正起劲地在地上扒拉着什么，把泥土、沙石掀得老远，蚁穴已经完全暴露在他的魔爪之下了。兵蚁们急得团团转，但谁也阻止不了六六的魔爪。以前我经常和六六玩，知道他怕什么，我有对付他的独门秘诀。我指挥兵蚁们一个接一个搭成蚁梯，我拿了一片树叶顺着梯子爬到了六六的鼻子边，用树叶不停地搔六六的鼻孔。没几下，六六就受不了了，两只爪子在脸上胡乱地左抓右拍，可他就是打不到我，最后只能落荒而逃。

打败六六以后，蚁后更加看重我了，经常让我带着蚂蚁们去寻找食物。开心的日子没过几天，又有兵蚁来报告说，五个伙伴被杀害了。我带着兵蚁赶到那里，一眼就认出来，抓蚂蚁的就是我家楼下的小胖。我挥动手臂，朝他大喊："小胖，小胖！"可是我的声音太小了，他根本听不见，仍然把蚂蚁一只一只放进盒子里。"住手，不要抓蚂蚁！"我一边拼命大喊，一边使劲儿向他跑去。他的手向我伸来，手指紧紧地捏住了我，我的骨头痛得像是要散架了，连气都喘不过来。"救命啊……"我大喊。

"怎么啦？怎么啦？"耳边传来妈妈关切的声音，"说过多少回了，叫你午睡不要睡在树下……"

争　　论

潘亮都

　　这本来是个阳光灿烂、风和日丽的好日子，鸟儿也在枝头欢快地歌唱，叶间也筛下无数光斑，一切都那么美好……

　　可仿佛就在一瞬间，整个世界都好像阴沉了，只能感到太阳发出的恼人的酷热。鸟儿也像被惊动了似的，枝头一颤，鸟儿振着翅膀飞走了。

　　教室里仿佛弥漫着浓烈的火药味。我和那恼人的同桌，为了各自的利益争得面红耳赤。

　　这事儿还得从午休开始时说起……

　　刚吃完饭，教室里还是一如既往的吵闹。我坐在我的位置上，开始写着家庭作业。但写着写着，突然，我的手被同桌的手肘狠狠地撞了一下，手下的字也自然走了样。开始时我也没有太在意，以为他是不小心的。但是，在我重整旗鼓再次开始写作业时，他竟又撞了我！而且这次的力度比先前的更大！这我可有点儿忍不了了："你干吗？"他却什么都不说，我也只是扭过头去，又写起了作业。

但这事儿还在不断地发生，空气中的火药味愈来愈浓。待到火药味已经刺鼻时，已经闪出了一丝火花，这丝火花在空气中不断地摩擦，终于点燃了一颗炸弹的导火索，"砰"的一声，这炸弹爆炸了。

"你到底是什么意思？"我几乎是恼怒到了极点！

"你又是几个意思？"令我意外也令我更恼火的——他居然还这么理直气壮？

"撞来撞去的好玩吗？很有趣吗？还在我写作业的时候撞，你知道我写坏了多少字吗？！"

"你没看见这么大的三八线吗？你都不知道越界多少次了！"

三八线？低头看看，或许桌子间的缝隙就是那所谓的三八线吧？

"那么一条破线能说明什么？你怎么那么斤斤计较？"

"你不也一样吗？撞你几下就要这么计较，再说了，就你那种破字，撞和不撞有什么区别？"

这话像针一样，锋利，尖锐，狠狠地插入了我的心。我极力压制心中的怒火，狠狠地歪过头去，不愿再看那恼人同桌刻薄尖酸的嘴脸。他好像也不想再和我吵。

但沉默也意味着尴尬,原本的硝烟味慢慢消散了,取而代之的是一种尴尬的氛围。抬头看看对方的狼狈样,我竟一下没忍住,笑出了声。他好像也一样,恩怨好像就在笑声中消失了。

争论可能会令友谊产生裂缝,也可能会让友谊更加坚固!

或许,这就是争论的神奇之处吧!

我不再逃避

陈佳瑶

木槿花盛开在枝头,正是一天的好时光。粉色的花瓣似明媚动人的少女,让人觉得多看一眼都是对她的不敬。可惜,美不过一天。

一朝春夏改,隔夜花鸟迁。

就像——我的奶奶。

我随着木槿花传来的缕缕香气向回忆沉沉坠去。

夜已深,知了还在聒噪,令人心情烦躁。我趴在昏暗的米黄色灯光下写作业,突然感到一阵干渴向我袭来,铺天盖地,喉咙被什么堵住了似的,干得难受。

我起身推开厚重的大门,却见一个熟悉的身影在门口徘徊。"奶奶?"我试探着叫了一声。奶奶立刻转过来,对我说:"还没睡啊?来,把这杯水喝了吧,夜车不要开得太久了,早点儿睡。奶奶见你灯还亮着,就来看看。

哎，奶奶还不想睡呢。"我一时反应不过来，呆愣在原地，没有伸手去接那一杯水。奶奶把水递到我的手上，笑着说："早点儿睡。"说完便关上了门。在门返回门框的那一瞬间，我看见奶奶深深地打了个哈欠。

我喝下被奶奶焐热的这杯水，眼泪顺着脸颊滑过，坠落，滴在地板上，晕出一个小小的圈。

我从回忆中缓过神来，摇摇头苦笑，木槿花已不在，奶奶也随木槿花瓣飘走了。

奶奶去世那天，谁都没有跟我提起过，而在奶奶下葬那天，我才得知。我无数次从睡梦中惊醒，喊着奶奶，回答我的只有爸爸妈妈安慰我的声音，而不是奶奶的摇篮曲。

如今，我们在现实中隔绝，在灵魂里相望。永远。

我不想接受现实，也不敢。

我隔着坟墓，试图与奶奶额头相触，却不见了昔日的温度。我蓦然明白，生与死的距离是这般遥远。

现在我已释怀，因为爸爸说："奶奶太累了，想脱离人世的喧嚣，于是她去了天堂。奶奶会时时刻刻陪着你，走过每一个春夏秋冬。"

时光，远了烟波，远了青雾，远了记忆里苍老的面容和蹒跚的脚步，剩下的是那远远的山头，远远的绿树和坟墓。我不再逃避现实。

等 风 来

陈泽楠

"快乐的时光总是短暂的!"小包像哲人一样地说出了这句话。看见他这副模样,我有点儿想笑,有点儿不解……

每当夜幕降临,我俩总会在天台上碰到,直至后来,我从他班里的同学口中打听到,他喜欢夜晚的天空,而我喜欢夜晚的微风。我俩的友谊就是从这个天台开始的。

小包很爱笑,笑起来也很呆萌,也是他这呆萌的笑害我俩惹了大麻烦。那次我俩坐在天台上吃饭,一阵风吹过,我很是欢喜,他看见我的表情就捧腹大笑,一个不留神,整个饭盒从几十米高的天台上掉了下去,楼下的车成了鸡蛋挂面车。后来,我俩面没吃成,还给别人洗汽车,零花钱少了一半。

几天后,学校举行了一次大考。刚考完试的我俩又相约在天台，我被难题折磨得神志不清，昏昏欲睡。他倒挺好，脸上还笑嘻嘻的，刚碰头，就冲上来发疯似的抱着我，还不忘大喊："我全做出来了！"我一脸嫌弃地说："哼！有什么了不起！"我累得一屁股坐在石阶上，都没有痛觉。他也走到围栏边，坐在了我的对面，背朝着我，头抬着看远方。我扭头一倒就躺在了石阶上，也没感受到石阶有多硬，一阵风吹过，我就合上了双眼。

耳边拂过微风，不知过了多久，我睁开眼看到的是小包在我身旁。"你终于醒了。"他迫不及待地说。这时，我才发现他的外套盖在我身上。再看了看天台的对面，寝室的灯都熄了。他从袋子里拿出两块饼干递给我："肚子饿了吧？"我鼻子一酸，泪珠在眼眶打转。

埋头苦恼的日子终于过去了，当我再去天台找你时，却没看到你。我从手机里翻到了你的短信："我……被外省的重点学校录取了。"我的泪水湿了屏幕，手一擦，看到了信息下还有一条——"等我回来，天台再见。"

轻风拂过，我仍坐在天台上。风，再次拂过我脸颊，我不禁闭上双眼，我想，再次睁开眼时，也许是你坐在我对面，正冲我傻笑……

大榕树下

董丽文

日光透过树缝漏下来，树影斑驳，如微波荡漾。轻风吹动了她的长发，脖子和肩膀上飘动着细发。我与她，从那天放学开始。

那天，刚下了点儿小雨，地上湿漉漉的，不过很快便有了阳光。我掏出纸巾，拭去长椅上的水珠，坐在上面背单词。单词真难背，这个刚背熟，另一个又不会读了。我慢慢急躁起来，一会儿站起，一会儿又坐下。我沮丧地拿着英语书，靠在榕树上，呆滞的目光望着一个个字母。

这时，一个灰黑色的身影朝我冲来，速度极快，我没做好任何的防备，差点儿被这突如其来的冲击力撞倒。人倒没事，英语书却从我手中挣脱，正巧掉进了有些泥泞的水坑中。她回头一望，丢下一句"对不起"，匆忙地跑了。她手中抱着一大沓书，书包的拉链也未拉上，像是有什么要紧的事情。

我捡起掉在地上的英语书，浑浊的雨水浸湿书本，书上的笔记也有些模糊了。唉—— 我长叹一口气，再一次沮丧，背起书包回到家中。结果被老妈痛批了一顿："连本书都不好好保管！"此时此刻，我心中充满了对她的埋怨。

不知过了多少天，放学后我又来到大榕树下。拿起我那本又脏又皱的英语书，在能看清的地方，我记起了单词。阳光穿透树叶，照射到我的书上，在这安静的地方记单词，再好不过了。太阳渐渐落下，为天空抹上一层晚霞，我也该回家了，收拾之时，感觉身边似乎有一个身影。

是她。"不好意思，上次把你的英语书弄脏了，我去书店给你买了本新的。"说话间，她递给我一本用牛皮纸包装的书本，她的手居然很粗糙。"我来这等你几次了，一直没见到你。"一片枯叶落在她散乱的头发上，见她转身要离开，我急忙叫住了她："哎，等一下！"她转过身，目光转向了我，我用手拿下了她发中的枯叶："你叫什么名字？"她羞涩地低下头说："我叫陈思宇。""我们能交个朋友吗？"此时，我的双手不停地搓着衣角，额头上的发丝微微下垂，空气仿佛突然安静。"嗯，可以！"她像小鸡啄米似的点点头，又飞一般地离去了。

后来，她常常来到大榕树下陪我记单词或是背课文。

我不会的她教我，我的英语也进步了许多。

可是她很怪。

她只有周一、周三、周五过来陪我，每次都走得匆忙。经过一番心理斗争，好奇的我想探个究竟。

放学后，我悄悄跟着她。

走了一段路后，我看见她走进了一家普普通通的面馆，放下书包，就收拾起碗筷，擦起饭桌……我走进店门，拿过她手中的抹布，帮她擦起桌子。她呆住了，眼泪说来就来。马上，她回过神来，拿着碗筷跑进了厨房。

自此以后，我俩成了形影不离的好朋友。

奶奶的姜花

孙婉苓

姜花并不是什么奇花异草,可是,它在奶奶心中,却犹如一件宝贝。

去年,我们家的新房子装修好了。房前有一块大空地,芳草萋萋。奶奶见了,眉眼舒展开来,搓着双手说:"这真是一块宝地啊。"

接下来的日子,奶奶忙开了。没过多久,门前的空地就变出了一地的美丽。

白色的姜花热闹地开着,淡淡的清香在空气里奔跑。

我十分不解。"奶奶,您为什么要种这么多的姜花啊?""为了美丽,为了清新啊。你可别小看这些普通的花儿,它还能净化空气呢。"说着,奶奶拍了拍我的脑袋。

我不信。花在我眼里,不就是好看吗?和空气好不好有什么关系？

怀着好奇心，我上网查了查。只见上面写道：姜花有净化空气、消除疲劳、纾解压力、治疗失眠等功效。

哦，原来姜花还有这么多作用啊。纯白色的姜花从早到晚散发着清香，难怪它被欧美地区的人称为"蝴蝶百合"呢。

我还看到了姜花的花语：信赖，素雅，高洁，淳朴。

这多像我那亲爱的奶奶啊。

她每天都有忙不完的活。自从有了房前的空地，她更是忙得不亦乐乎，捡石头，拔杂草，种各种花草。当然，奶奶种得最多的还是姜花。有时候，奶奶还会把姜花送给邻居一些。更多时候，奶奶把姜花剪了，插在水瓶里，搁在厨房的窗台上。每天换一次。

我很好奇。

奶奶对我说："你忘了你爸爸的老毛病了？"

哦，我懂了。爸爸经常下厨，而那油烟机又不能一丝不剩地把油烟吸走。久而久之，爸爸经常咳嗽。奶奶希望她的姜花能多吸收一点儿油烟。

邻居们听说后，也纷纷向奶奶请教姜花的种法和注意事项。

奶奶想也没想，便脱口而出："一枝姜花可以开出五六朵白色的花儿，每一朵的花期只有一天。它喜欢生长在湿润的环境中，它的土壤必须肥沃才行。"

邻居们看奶奶说得头头是道，不禁竖起大拇指。奶奶不好意思地说："过奖过奖，种花养草不仅好看，也是为环保出一份力啊。"

是啊，空气清新了，心情好了，我们的生活才会更加美好。

我最心疼的人

陈　宇

夜很暗，天很冷。

白日，我与同学出去玩了，到了傍晚时分，我乘坐末班车回家。下车，走在无人的小道上，只有影子与昏黄的路灯陪着我。我渐渐感觉到了寂寞，低下头，看着自己黑色的影子，越发感到孤独。

黯然中抬起头，发现有一个黑影。凛冽的风无情地刮着，那人不住地微微颤抖，调皮的风吹起他的衣角，他将手拿出口袋，拉拢拉拢衣裳，缩了缩身子，仍然眺望着前方。我既欣喜又心疼，他，就是我的父亲。

我的父亲并不是什么出众的人物，而是再平凡不过的老百姓，丢到人群中也一时半会儿找不到。但在我心中，他就是我家的顶天立地的超人。

我飞奔过去，父亲的眼神也落到我身上，眼睛变得鲜亮起来，他不再拽住那衣角，而是快步向我走来。他拉起我的手，皱着眉头，责怪我："你手怎么这么冷，衣服穿那么薄，不冻感冒你不甘心啊！"说完，他便将身上的风衣脱下来披在我的身上。我抬头看着父亲，发现父亲的脸色有些憔悴。我眼里闪着泪光，但又不想让父亲看见，便低下头，小手拉着父亲的手，走回家。

在空荡的马路上，月光衬着路灯的光芒，把两个人的身影拉得好长好长。

记得有一次，我任性地对父亲说："今天放学，我自己走到同学家。我们要搞一个小组讨论活动，您不用来接了！""这怎么行呀，有坏人拐走你怎么办呀！"父亲焦急地说。"我都十二岁了，怎么可能啊！"我辩解道。"不准就是不准，别讨价还价。"他严厉地呵斥我。"那我们的活动怎么办呀？"我任性地喊着，急得眼泪都要落下来。"那……算了，他你去吧，但千万千万要注意安全！"父亲的眉头皱成一团，他无可奈何地答应了我。

"丁零零"，下午的放学铃声响起，我整理好书包，迈着轻快的步伐走出校门。不久，便有芒刺在背的感觉，好像有人在跟踪我啊！我的心猛然一颤。

经过一家服装店，我故意停下了脚步，透过橱窗，我看清了跟踪我的那个人。那，居然是我的父亲！我的心不知被什么敲打了一下，莫名地疼了起来，眼眶中有一层水雾，使眼前的一切变得模糊不清……

天　水　碧

张佳琳

露水浸湿了那块未染成的青布，青色似涟漪般一圈圈漾开来，在清晨的光下耀眼地闪着。

妈妈不知在何处翻出来一本《李煜传》。我好奇地从妈妈床头拿走了那本书。破旧的封面，封面上一个相貌堪比女子的男人，不用猜也知道，这便是李煜了。

李煜，他的一生可谓跌宕起伏，让人看了一章又有接着看下去的冲动。我不一会儿便看到了入定状态，自动屏蔽声音，以至于妈妈叫我都没听到。

"天水碧？"我疑惑地念出了下一章的名字，这名字倒是奇怪，本来想去睡觉的我重新往下翻。"天水碧，这是什么颜色？""张佳琳！你该睡了，该睡了，听不到的？"妈妈的叫声，如惊雷般在耳边响起，我惊得"霍"的一下站了起来，身后的椅子被一下子带倒了。我拿起书开溜，溜到厕所，又想看又该刷牙怎么办？我眉头一皱，计上心来，拿起胶布在镜子上粘了两个夹子，将书往上一夹，便刷起牙来，一边刷一边看镜子上的书。

刷完牙，我便搬了条凳子过来，继续看镜子上的书，妈妈走进来时看到的便是这一场景。可我没发现妈妈来了，继续看。忽然，视线里出现了一个巨大的黑影，一下子挡住了书，我还没反应过来，一下子站到了椅子上。突然，我在镜子里看到了一双怒火冲天的眼睛，"妈妈？"我傻了傻，跳下椅子，一把扯下书，蹦跶回了房间。

李煜他喜欢碧色，他宠爱的妃子穿上碧色衣服就有仙气飘飘的感觉，于是其他妃子也将自己的衣服染成了碧色。有一位妃子将未染成的布放在了外面，以至于被露水沾湿，染成了一种十分美的色彩，而李煜将这种颜色叫作天水碧，意为由天上的甘露染成的碧绿色。

我关上灯，躺在被窝中，想着今天看的这几个故事。

"啪"，门轻轻地开了，妈妈在门外探头探脑。看我已经睡下，她轻轻地走了进来，帮我盖了盖被子，抽走了那本书，放在一旁的桌子上，又轻轻地走了出去，轻轻地关上了门。

也许，我便是那块未染成的青布，在妈妈的露水一滴一滴的渲染下，总会拥有天水碧的色彩。

一只会思考的猪

蔡晨珂

说到猪,你肯定会想到臭气熏天的猪圈和一群正在抢食的猪。

可是,我是一只宠物猪,没有野猪那样强健的体格,也没有家猪那样肉嘟嘟的。但我有一颗非比寻常的大脑,它使我变成了一只会思考的猪,一只智商超高的猪。

每当太阳射进我的小窝时,我都会到我的女主人房中去看电视。我懒洋洋地趴在主人的腿上,边晒太阳边看电视,好舒服啊!我们看的电视名是《甄嬛传》。说来也奇怪,这部清宫戏每天都钩心斗角的,我却不厌其烦。或许是想更多地了解人类吧。

你瞧,今天的剧情是熹贵妃不惜打掉自己腹中的孩子来扳倒皇后。"啧啧,这般操作,也是没谁了!"可是这在宫中,居然是惯用的小伎俩。

这就是我百思不得其解的地方了：既然同为人类，那为什么还要处处明争暗斗、互相残杀呢？

我在电视上看到过我的远亲，他们都是同吃同住、同喝同乐，有福同享、有难同当，何来的机关算尽一说？猪生得意须尽欢啊。想到这儿，我就觉得人类实在是太恐怖了！幸亏自己此生是猪。

人类在现实生活中也是如此，人人都想超越自己的竞争对手。而且他们认为，只有不断地努力，才能超越对手。

哦，我豁然开朗，原来问题的答案就是——那些嫔妃们想获得皇上的欢心，想不受他人欺负。因为在那个时代，后宫嫔妃们看似雍容华贵，自己的命运却掌握在别人手中。在那种环境下，他们必须要超越对手。只有这样，才能主宰自己的命运。

我甚至觉得，自己跟那些嫔妃很像，无法掌控自己的命运。虽然我跟那些远亲比起来，不用住在脏兮兮的猪圈，不用为了一口粮去争抢，不用面临随时被宰杀的危险。但是，万一有一天，女主人不喜欢我了，喜欢阿猫阿狗了，那我岂不是就要流落街头？我们猪天生就不能自己为自己做主啊。但是人却不一样，他们可以主宰自己的命运。因为他们之间存在竞争的压力，要求上进。不像猪，成天吃了睡，睡了吃，终有一天会被社会淘汰。既然这样，下辈子我还是投胎做人吧。

但是现如今，活好当下是最重要的，我们不能被眼前安逸的生活所惑，要有后顾之忧，才是长远之计。

我慢悠悠地走回了自己的小窝，边走边思考：我该怎样讨女主人的欢心呢？

弹错的音符

李佳露

第一眼看见他,我就感觉眼前一亮……

不,不是你们想的那样,其实那只是一个白眼。第二眼看见他,我的嘴角也扬成了一个美好的弧度……这次可是真的笑了。因为他的样子太好玩了!只见他把手立在眉心前,和后桌男生比赛斗鸡眼。他脸上的五官像一个皱纸团一样拧在一起,还露出了符合他"病症"的笑容……看到这,我快忍不住发出笑声了,赶忙跑到一旁笑个够。

更想不到的是,他竟然是我的同桌!经过细致观察和深入了解后,我才发现,我看到的仅仅是"冰山一角"。这倒真让人有点儿哭笑不得了,他的一举一动常常使人对他非常人的行为捧腹大笑,以至于我们给他取了几个别称。

NO1.刘自恋。对,没错,这位仁兄的自恋程度简直可以把我们小区里浓妆艳抹的七大姑八大婶甩出十八条街，比那些天天照镜子的明星更为恐怖，就连我们都被他的名句所洗脑。"我刘煜真帅，你们不该叫我刘煜，请叫我刘帅哥！"此话已然成了他的名言，每每听到，我们都会非常配合地甩他一个白眼，心里感觉像吃了苍蝇一样。这位脸皮可跟城墙媲美的"骚年"，这位用脸皮去轰导弹的"骚年"，这位可以申请吉尼斯"最厚脸皮"奖的"骚年"，最最可气的是这位在自恋方面居然和我有得一拼……"咔"，导演请关机重来，后面的内容你们谁都没看见也没听见。

NO2.刘欠打。他估计是我们班最欠打的一个了，因为他有个很不好的行为，那就是——作死！他是那种吃完鱼肉还想吃鱼刺的人，也是那种明知前方有坑还笑眯眯地蹦跶下去的人，更是那种……在我写他的时候，他居然还冲我挑衅！不过作死归作死，有一点儿他还是蛮好的，就是不打女生，这一点让我挺欣赏他的。更为关键的是，他虽欠打，但是人家耐打啊，这倒为他的作死打下了良好的基础。

NO3.刘正经。虽然我不知道一个将自恋和作死练到骨子里的人是怎么正经的，按理说这是不符合逻辑的啊，难道这是上天赐予他的被动技能？反正他在做数学题的时候是很正经的，那份安静和凛然的姿态，让任何人都不得不服。

在生活的律曲中，他像弹错的音符，却给人一种和谐的感觉，让曲子别有一番韵味。人生何尝不是这样，一个小小的插曲，却能给人一种不一样的新奇体验。

父亲的眼泪

李嘉懿

从小到大,我几乎没有看见父亲流过一滴眼泪。可是,那个黄昏,我分明看到父亲的眼角挂着晶莹的泪珠。

那时我刚上三年级。经过午间的小休后,上课铃声刺耳地响起,我一看课表,是体育课。我打起十二分的精神,免得被那彪悍的体育老师踢屁股。

又是一堂魔鬼训练课!炎热的阳光下,同学们个个汗流浃背地在楼梯上缓慢地行走着。我走得稍微慢了点儿,当从太阳底下冲入凉爽的连廊间,我顿时觉得眼前一片漆黑,身体更难受了。终于摸索到楼梯,我欣喜万分,几乎要跳着走上楼梯。不料心急吃不了热豆腐,我一下子踩了个空,和大地来了个大大的拥抱。

我立刻感觉膝盖上硬生生地痛,弯腰一看,只见血顺着小腿流进了鞋袜里。终于,我找到了老师。我没来得及开口，老师便抢先一步，帮我联系了家长，又让我赶紧坐到椅子上。

时间，一分一秒地过去，一个熟悉的身影来到了我的视线里。他个子并不算高，但笔直的腰板被太阳光拉得长长的。他，就是我的父亲。

父亲见到我，看到那骇人的伤口，眉头拧成了一个"川"字。他二话不说便将我抱起，一转眼便离开了学校。

下车后，父亲依然抱起我，马不停蹄地走。我这时才发现自己已经到医院了，而且一转眼便来到骨科区了。可是真不巧，今天挂骨科的人还真不少。父亲急了，时不时看看我的伤口，时不时又看看我的名字排到哪儿了。

终于，广播里传出了我的名字，父亲又立刻匆忙地抱起我进去了。先是拍片，父亲不忍直视就出去了。可是他性子急只想快点儿知道结果，便又进来了。他看到的先是电脑，电脑上显示的结果让他震住了，他又头也不回地出去了。

直到医生让他进来时，他才缓缓地进来。这时，我看到父亲脸上挂着泪珠。

夕阳西下，阳光正好照在父亲的脸上。泪水在阳光的照耀下好似小星星一闪一闪的。不知为何，它们刺痛了我的眼睛。我立刻坐了起来，正想过去，却听见了父亲和医生的对话。

"医生,不用说了,我知道结果了。"医生说:"什么结果?""我女儿她骨折了,难道不是吗?"父亲反问道。医生更疑惑了:"你女儿只是受了点儿皮外伤,没骨折呀!"父亲一头雾水,连忙擦了擦眼泪说:"不对呀!可我明明看到你电脑上显示着……"

"哦!"医生拍了一下脑袋,一脸歉意,"那是上一个病人的骨骼片子,我没来得及关掉。"父亲的脸色顿时好了许多,他突然发现站在角落里的我,跑过来紧紧地搂着。一滴温热的液体滴在我的脖子上……

落日余晖,点点残红。父亲的眼泪滴在我的心上,温暖着我的每一个日子。

有你，我才有春天

金雨彤

窗外的雨起先是淅淅沥沥地飘着，越接近放学，雨就下得越来劲。淅淅沥沥的雨逐渐变成倾盆大雨，好比我的心情。

我极不情愿地瞥了一眼自己那空虚的裤腿，就像大地没了高山，高山没了绿树，绿树没了阳光。"小瘸子，咋还不回家呀？哈哈哈！"又是同学对我的冷言冷语，我只是默默地吞下这口气，拼命握紧自己的拳头。

来了，终于来了。我缓缓地起身，向门口跳去："才来啊？今天不打车吗？"我冷冷地说道。"嗯。"父亲只是轻轻地回答。

在校园里，谁都知道我们是父女吧！一个小瘸子，一个大瘸子。耳边又响起了这首歌："小瘸子呀，小瘸子，蹦蹦跳跳跳回家……"我的内心有一阵深深的刺痛，这种痛加快了我回家的步伐。

可能是速度太快的原因吧，我重重地摔向地面。一步，两步，三步，父亲飞快地跳向我，迅速将我扶起。我冷冷地瞪了父亲一眼，飞快往家走。父亲跟在后面，明显也加快了步伐，我回头看，他跳得是那么艰难又那么有力，急促的呼吸声传入我耳朵。

我使出全身的力气上了楼，父亲被我远远地甩在后头。映入我眼帘的又是那轮椅，我努力不去看它，它是父亲一年来起早贪黑攒钱给我买的，我不愿用它，太沉了，我怕自己担负不起。

夜里，父亲为我端来杯热牛奶，我坐在椅子上，手里拿着儿时那张彩照：我坐在岸上，用双脚拍打着湖面，溅起一朵朵浪花，它们在对我微笑……看着看着，眼前的那杯牛奶模糊了，我终于将这些天的刺痛转为怒火："为什么？为什么！你是瘸子，我也是瘸子！走到哪都被人嘲笑！"父亲低下头轻轻叹息，视线往轮椅上瞅。"不，我不需要！不需要！"我重重地把门一关。

第二天，家里竟出现了假肢！我有些震惊，父亲竟为我付出那么多，我呆立在那。父亲最近一直都是早出晚归，难道……父亲过来为我安上假肢，我望着父亲头上那一根根、一簇簇的白发，还有那脸上的皱纹，似乎苍老了许多。一个念头在我心底萌发：我要攒钱，我也要为父亲安上假肢。

之后，我每天放学回去都捡瓶子卖。走的路越多，捡到的瓶子也多，得到的回报也越多。

我爱去工地旁捡，因为那儿的瓶子较多。那天，我像往常一样去了工地，眼前出现了一个人：套着一件灰黑的短袖，搬着砖，汗不停地往下流，是父亲！我冲过去抱住他。我看着父亲的裤腿，不是空虚的，是饱满的，父亲，父亲不是瘸子！我瞪大了眼，张大了嘴，望着父亲，父亲微微点头："是的芷儿，你三岁那年的一场车祸，母亲为了护你，没了。而你还是被夺去了一条腿，我怕你自卑，所以……"

我紧紧地抱住父亲，我人生中最重要的一笔财富。因为有你——父亲，我才有春天。

鱼和水的故事

叶展云

　　一条清澈见底的小溪横跨村庄，涓涓细流奔腾不息，欢快地唱着生命的歌谣。溪的两边是广阔的草地，小草绿意盎然，成堆成片，散发出好闻的清香。

　　一条有些资历的麦穗鱼常年居住在这条小溪里，过着自由自在、无忧无虑的生活。它整天和同伴玩耍，和水草跳舞，用溪底的卵石按摩，和溪边的野草对话，有时还会好奇地看着村庄里的女子来溪边洗衣洗菜。

　　时光流转，岁月轮回。突然有一天，一切都变成了另一副模样。

　　原本绿茵茵的草地被一把火烧得不见踪迹，取而代之的是一栋栋厂房。那些机器整天发出刺耳的噪音，扰得溪里的鱼儿不得安宁，水也不再清澈甜美，而是变成了难看的黑色。麦穗鱼的同伴们被溪水的腥臭味折磨得死去活来，成群结队地逃向大海。麦穗鱼难过地望着溪水，与它聊起天来:"水啊,才过了几个月,你怎么变成了这副模样?原来的你,纯净得不染一丝灰尘,我在你的怀抱里畅快地游泳、洗澡。可现在的你,一身臭味,带着死亡的气息,赶走了我的同伴,害死了溪底的水草。你,再也不是从前我认识的那个你了!"

水叹了口气,声音里满是悲凉:"我也是迫不得已啊。这里的人们不再对我们爱护有加,他们随便践踏资源。你看那些烟囱上冒出的滚滚黑烟,让湛蓝的天空也变了脸;那些大型机器排出的污水,都流进了我的身体;还有那些漂浮在水面上的垃圾,也是他们随手丢进来的。我也不想这样,可我无能为力啊。"

"你要保重,我也要走了,等你的病好了,我还会再回来的。"麦穗鱼恋恋不舍地与溪水道别,追上鱼群,躲进了大河。

溪水夜以继日地盼着,不停地吹奏出一缕缕哀伤。它的泪珠一滴一滴,滴进深夜,滴碎苍白的月光。

麦穗鱼常常站在溪水和河水的交界处,鼓励着溪水。

终于有一天,它们盼来了希望。工厂倒闭了,机器搬走了,一大队人马将水上的垃圾一一捞起,丢进垃圾车里。他们过滤了溪水,在草地上重新种上草籽和花种。

月色溶溶,清风剪剪。一切,又变回了原来的样子。云儿自在,溪水潺潺。麦穗鱼带着兄弟姐妹们回到了自己的家。鱼儿们沉浸在溪水温柔的抚摸里,看着生机勃勃的草儿和芬芳醉人的花儿,又一次唱起了生命的歌谣。

我家有个小表弟

王乐凯

我有一个小表弟。我们之间趣事不断。

这天,我和表弟正想出去玩,表弟急切地问:"你家厕所在哪呀?我内急。"我一脸坏笑地对表弟说:"呵,厕所嘛,你猜?""天哪,表哥呀你总不能见'屎'不救吧?"表弟哭丧着脸说。我耸耸肩,用手指着猪圈说:"厕所在那的……"表弟一听,箭一般地冲了出去,并丢下一句话:"谢谢表哥!"我朝他大喊:"喂,你弄错了,是在上面,你没听我说完啊。"话音未落,表弟提着裤子发疯似的冲了出来,还一边嚎叫:"天哪,不早说,害我被你家的鸡给啄了。"我忍俊不禁:"哈,你也太搞笑了吧,被一群鸡追。"

表弟回来之后,我俩就去放鞭炮了,他拿出两大盒鞭炮,我们一起玩。"表哥,你会放空炮吗?"我丈二和尚摸不着头脑:"什么玩意,空炮,那是什么东西?"表弟得意地说："这你就不懂了吧，就是鞭炮在空中炸响啦。""噢，原来是这样啊，我来试一下。"我兴致勃勃地点了一个鞭炮，用力扔到天上，可没有在空中炸掉，掉在地上之后过了几秒才炸。表弟哈哈一笑："表哥，你平常不玩鞭炮，现在玩起来没我厉害了吧，看我的。"说完，他点了一个鞭炮，过了几秒才扔，鞭炮就在空中炸掉了。"嘿嘿，我给你看一个高难度的。"说完，他又点了一个炮仗，放在嘴上，学大人的样，然后用手夹着，正准备扔，鞭炮炸了，幸好只是"哧"的一声喷出了火花，不过表弟着实吓了一大跳。我无奈地耸耸肩："叫你作，叫你作死。"

　　有一次表弟去游泳，我和他一起去，他在路上一直和我吹牛说："我游泳很厉害，蛙泳，自由泳，蝶泳，我都会。"我一脸鄙夷地说："切，你有我厉害？不过我好像从来没有看见你游泳啊。""我这是低调，不让你们知道。"表弟振振有词。"吹吧你，我看你根本不会游泳。""那到时游泳池见，看你佩不佩服。"

　　走了好一会儿，我们才走到黄藤岩。表弟说："水冷。""水不冷，下去吧。"我一脚踹在他身上，他顺势倒入了水中，大叫道："救命，救命！要死了，要死了！"我无奈地跳下水池，把他捞了上来。"看，你果然不会游泳。""我，是因为水太冷了嘛。"

　　看着表弟倔强的样子，我不禁哈哈大笑。

原来是这样

陈千荟

那年夏天。

但究竟是哪年夏天,却又说不清楚。

只记得那天天很蓝,纯粹的蓝,千丝万缕的蓝,像是在宣纸上不经意间打翻的墨水瓶,沿着清晰的纹路扩散开来。

夏天的图书馆分外拥挤,空气里迎面扑来的是墨香,和书页翻动的声音。

可是我并不是来看书的,我只不过是想在空调下明目张胆地玩手机罢了。可小路不这样想,她早就熟门熟路地找到座位把头埋进书里。

这不像她,她最近寡言了许多。

想起平时,那个有活力的,总不经意放声大笑的,把自己称为"元气少女"的小路,现在总感觉怪怪的,好像周围空气都低压压的，闷得难受。

"陈儿，你不读书么？"小路放下书，随之关掉我的手机。她的眸子像是蒙上一层荫翳，让人捉摸不透："你骗你妈说出来看书，现在有些不好意思吧。"

"什么鬼！"我用力拉了拉她的脸，"你该不会是披着小路皮的外星人吧？"

她没有回答，只是收起了我的手机。我无奈，只好拿本书随意翻翻。

图书馆人潮涌动，面孔换了一波又一波，时间就这样过去了。我也不知道自己拿了多少本书，最后再也忍不住了。

"小路，你最近怎么了？"我放下书，问，"如果当我是你闺蜜，你就告诉我。"

"我爸……"她轻轻抿了抿嘴，"他走了。"

"啊，怎么会这样！"我发出五十分贝的声音，发现周围人的目光都聚集了过来，我不好意思地捂住了嘴。

"所以，陈儿，我希望你珍惜你的亲人，你还年轻，你需要他们。"小路对我说着，阳光打在她的侧脸上，眸子像是下雨天的贝加尔湖，清澈而又阴暗。

我没说话，我也不知道自己该说什么，半悬着的手尴尬地不知道要不要去抱抱她。我是个很会哭的女孩儿。我不敢动，怕心里的玻璃水洒出，让小路也会漾出一地悲伤。

"小路,事情已经这样了,我们也无能为力,以后我会保护你。"我冲着她,傻傻地咧嘴笑。

原来是这样,小路。没关系,我们都不会选择当刺猬,在遇难时只会露出"坚硬"的外壳。

玉 纽 扣

朱凯元

那个秋天,雨没完没了,下个不停。

祖母每天都被雨声惊醒。她天天坐在门槛上,安静地坐在那听着雨。

全家人都很惊讶。因为,祖母在很久以前就耳背了,必须有人在她耳旁大声喊,否则,她什么也听不见。

祖母生于大户人家。因此,在出嫁时,她有些陪嫁。据说当中有几枚玉纽扣。而这些玉纽扣,是太公太婆亲自给她做的。祖母一直将它们珍藏着。

据祖母说,她的耳朵是在她婆家聋的。那一年,家乡闹饥荒,祖父家的东西都吃完了,祖父的妹妹,因为没东西吃,饿晕了。于是祖母的婆婆想去外地买些粮食。可是祖父他家,老早就家道中落了。祖母想去她娘家要点儿钱。但是,嫁出去的女儿,泼出去的水,婆婆说什么也不肯。祖母年轻的时候也是个倔脾气，就跟婆婆吵了起来。婆婆打了祖母一个耳光，祖母的耳朵嗡嗡地响。太公听说后，气得把祖母带回了娘家，随行的还有祖母的孩子。后来，祖母的耳朵，因为这一巴掌，聋了。

离开婆家时，祖母带走了祖父的几件衣服。那些衣服，都是她为他缝的，上面的每一针，每一线，每一个纽扣，都有祖母的心血。尤其是那纽扣。据说，其中有一个纽扣，是玉纽扣。祖父在祖母回了娘家后，曾经断断续续地来太公家看过几次，时间不长，只有几天。最长也长不过一个月。后来祖父死于秋天，死在回乡的路上。

我坐在一旁，听着祖母讲这些陈年旧事。此时的祖母，已经戴上了助听器。

"你过来，你看见他们了吗？"

"谁啊？"我不解地问道。

"他们啊，我爸，我妈，还有你爷爷。"这时，我看见祖母脸上的表情有些神秘。我摇了摇头。

"什么？"我睁大了眼。"哎，你不知道，我和你爷爷相识的时候啊那老鬼天天来给我吹笛啊，拉琴啊，一开始……"祖母又陷入了她的回忆之中。

秋天的最后一场大雨下了起来，祖母也进了医院。

"怕是没有多少时间了。"医生说。祖母执意要出院回家，全家人也拗不过她。在祖母的家里，祖母把一个大盒子交给了我。这个大盒子，是我童年时认为最神秘的一件东西。我常看见祖母把它拿出来,但从未让人碰过它,连擦擦也不行。

立冬那天,祖母走了,走得很安详。

我打开了盒子。照祖母的要求,打开了最下面的那一层。下面那层,有两个更小的盒子。我先打开了绿色的那个盒子。盒子里有太公和太婆的合照,还有太公和太婆写的日记。我又打开了另一个红色的盒子,盒子里面,有两个玉纽扣被一条细细的红绳绑在一起。两枚玉纽扣的下面,分别放着祖父和祖母的照片。

我终究再没去碰过那红色的盒子。因为我知道,那个盒子里藏着祖母对祖父最深切的思念。

一则旧日记

朱佳芸

不想你惊艳我年的少时光,只愿你暖我今后的岁月。

——题记

一

我和他几乎是无话不谈的朋友。

那时,我们都爱写日记。所以,我总盼望着有一天能看看他写的日记,可他每次都毫不犹豫地拒绝了我。

"你就借我看看你的日记嘛,保证不会弄破。"我眨巴着眼睛。

"不行!"他再一次毫不留情地拒绝了我。

我依旧死追着他,恳求他说:"就一天,好不好?"

"不行!"

"那就半天,半天总行了吧!"

"跟你说了,不行就不行!"说完,他便跑开了。

二

他大我两岁,准备升入重点初中。他一向成绩优异,他爸妈希望他有一个更好的将来,便安排他去外地上学。

一日,他约我出来。阳光下的他显得神采奕奕,格外迷人,他始终都是那个阳光大暖男。我缓缓向他走去,看见他手里似乎揣着一本本子。

走到他面前,他将那本本子塞到我怀里。我抬起头疑惑地看着他。他拍了拍我的脑袋,像一个大哥哥。他看着我说:"你不是一直想看我日记?给你了。我去外面读书的时候可别忘了我!"我不禁笑出了声,他总是这样。无论什么时候,他总可以逗笑我。

三

时光兜兜转转,转眼间又过了一年。

在我偶然寻找一本练习册时,突然看见了那个本子,往日的记忆如同潮水般涌来,他的日记中似乎每篇都有我。翻到最后,目光注视那最后一则日记:

丫头,今天我就要离开这座城市了。最遥不可及的并非十年之后,而是在今天之前。我记录下以前的点滴,希望我们都能不忘初衷。过去永远是用来怀念的,未来永远是最重要的,即使是孤独。孤独的时光会塑造最强的自己……

时过境迁,物是人非。旧日记犹在,写日记的人却不知如何了。清泪垂坠,悄然无声。不知在远方的他,是否怀念那段我们一起走过的曾经。

秃 眉 毛

任嘉璇

走出门,站在门口,尽情地呼吸着外面新鲜的空气。放眼望去,街上的人似乎都在对我微笑。鸟儿在枝头欢快地歌唱,演奏着一首又一首动人的旋律。

一辆轿车突然停在我面前,打断了我的思绪。车上下来一个小男孩儿,挺着小肚子,时不时地摸摸鼻子,一双明亮的眼睛,仿佛在诉说着什么——没错,他就是我的表弟。

我见到了他,想都不想就直接冲上去和他拥抱。奶奶在一旁见了,直摇头道:"你俩在一起,准没好事。"我和表弟你追我赶,玩得可起劲了:玩累了坐在高高的单杠上休息;玩渴了去喝生水,也曾因此喝坏了肚子。总而言之,如我奶奶说的一样,我俩在一起玩耍,准没好事。

一次,我在房间里看见老爸在剃胡子,手上的那个玩意儿可真厉害啊！所到之处，一览无余。我紧紧地看着老爸的一举一动，准备大干一番。等老爸走了，我跑向表弟，暗暗地笑着，便引领着他来到了战场——洗手间。我和表弟掂量着剃须刀，对这个神奇的物体投以好奇的目光。我在剃须刀上左指右点，终于找到了开关，这可花费了我一番苦心。我模仿着老爸，神情严肃，皱着眉头在镜子前操作了起来。表弟在一旁捧腹大笑，笑得他上气不接下气，脸红得跟成熟的草莓一般。过了一会儿，我用我那古怪的脑子想了一件"大事"。正当我想执行的时候，表弟不乐意了，他需要自己来执行，便把剃须刀从我手中夺了过去。我怎能输给他呢！我把剃须刀重新夺回了手中。表弟又把它夺了回去。就这样循环着。

　　终于，我累了，松开了手。只见剃须刀往表弟的眉毛上冲了过去。我看见表弟，忍不住笑了起来，一边笑一边说："你的眉毛没了，你的眉毛没了！"表弟很疑惑，走到镜子前半信半疑地看着，只见肥嘟嘟的脸上有一双眼睛，可这双眼睛的正上方光秃秃的，还反着光。看到这，他自己也笑了起来。

　　最终，我俩和往常一样被奶奶训了一顿。但我俩一点儿也不觉得难过。秃眉毛表弟还冲我嘚瑟："没眉毛的，是谁？那是本大侠！"

特殊的礼物

老爸的心事

张　硕

近来，老爸似乎有了心事。

他一遍遍地擦拭他的宝马车，却没有刚买来汽车时的笑容。说起老爸与车，还有一段令人心酸的故事。

老爸读高中时，每周骑自行车上学。自行车上载着一周的口粮，自然还有老爸最爱的山东煎饼。从乡下到城里，有几十里的路程，老爸每次都骑得气喘吁吁。有一次，在去学校的路上下起了大雨，泥土路变得更加坑坑洼洼，雨水和泥水双双向老爸袭击。突然，自行车陷入了泥坑中，老爸怎么努力都踩不动脚踏板，只好扛着自行车走路。

本来是人骑车，现在变成了车骑人。雨水无情地拍打着老爸的全身，泥泞更像一只巨手阻挠着老爸。周围的树在风中摇摆，在雨中怒吼，嘲笑着瘦弱的老爸。泪水伴着汗水和雨水，模糊了老爸的双眼，流进了老爸的心里。他知道，自行车后面捆绑的那袋山东煎饼已经泡水了，那一小袋米也已经泡水了，这意味着一整周，他将难以填饱肚子。他多么希望有一辆能抵挡风雨的车子啊。

工作后，老爸一直努力赚钱，早出晚归。早点儿买上一辆风雨无阻的车子，实现读书时的心愿，成了老爸那时最大的动力和目标。

终于，在我上小学前一年，老爸买上了新车，一辆奇瑞汽车。再也不用骑自行车上下班了，再也不用担心送我上下学不方便了，老爸兴奋得一上车就唱起了歌。"今天是个好日子呀，心想的事儿都能成。明天是个好日子，打开了家门咱迎春风……"

几年后，老爸又换车了。他的奇瑞摇身一变成了宝马。老爸爱上了旅游，网上做好攻略，他就高兴地带着全家出游。即使去家门口的亲戚家，他也爱开汽车去。

可是现在，老爸的宝马为什么很久没有像马一样纵横驰骋了？我赫然发现，老爸冷落了宝马，却爱上了走路。他还去办了一张自行车卡，如果不下雨，去稍微远一点儿的地方，就骑自行车。

当我说出心里的疑惑，老爸神秘地笑笑说："答案应该在我儿子的脑袋里啊。"说着，他哼着"今天是个好日子呀，心想的事儿都能成……"，远去了。他的前方，俨然是蓝蓝的天空、白白的云朵。

看着老爸的背影，我自豪地笑了。

与您相伴的岁月

张　艳

阳光透过树枝间的缝隙散落在窗棂上，照亮了桌角上那张照片。思绪也随着那光线浮上脑海。我兀自坐在桌上，支着下巴静静地看着那张照片。

那是我的外婆。

与外婆相伴的岁月，无论什么时候想起，都会觉得很有意思。

小时候，每年暑假，我都要去外婆家。下了车，远远就能看见外婆家门前那棵棵桂花树，还有从那厨房里飘出的丝丝缕缕的白烟。

外婆每次见到我，总会停下手中的活，跑去拿出所有好吃的给我。

外婆似乎最钟爱桂花，每次去外婆家总能看见外婆为门前的桂花树浇水施肥。每年暑假的八月也正是桂花开放的季节。因此，外婆一到暑假就会做桂花糕给我吃。

那光线照射在金黄的桂花瓣上，好像格外耀眼。外婆总是挎着一个小木篮，采摘树上那嫩嫩的桂花瓣。每每摘了一片，总会小心翼翼地放进篮子里。外婆对桂花的喜爱真是令人难以理解，连飘落在地上的桂花瓣也不放过，拾起来轻轻拂去灰尘又放进篮里。

采摘完了桂花瓣，外婆便将那些桂花瓣倒在米筛子上，用清水慢慢地淌一遍，冲走了桂花瓣上的泥土。洗完以后，就将桂花瓣放在阳光下晾晒。

外婆看见那花瓣上没有水分之后，就进行下一个步骤。她将那些花瓣捻碎，用粗糙的双手把那些花瓣揉成馅团，放在炉灶上。

我搬了一张小凳子，坐在那桂花树的树荫下，用双手支着下巴，静静地看着外婆在厨房里忙活着做桂花糕。

阳光总是时而强又时而弱，照亮着门前的桂花树。

每当有缕缕白烟又带着一丝一缕的香气从蒸笼里散发出来时，我就会站起来，跑进厨房，踮着脚尖往厨灶上张望，总想第一个品尝新出炉的桂花糕。

我一边"吧唧吧唧"地吃着香喷喷的桂花糕，一边心满意足地点点头。外婆看着我笑笑说："吃慢点儿，小心烫，没人和你抢。"

我总会被她逗笑。

桂花在时光的推移下，飘落满地，但——记忆的花儿不会凋零。

　　外婆，与您相伴的岁月，真是很有意思。您采的桂花，就像一锅最好的底料，调入了乡村的风与枝丫的交谈，调入了您对我的宠溺与甜蜜的爱。

妈妈的疑惑

楼彦萱

最近,妈妈发现家里的食物总是无缘无故地不见。

妈妈认为是小偷来过了,但她又很快发现了不对的地方,家里只是食物少去,其他什么东西都没丢。妈妈百思不得其解。

随着家里的食物一点儿一点儿地丢失,妈妈的心情也一点儿一点儿地变得烦躁。她开始怀疑,怀疑是不是丈夫在外面有了情况,以至于要将食物半夜拿去给人家当消夜。但她看见丈夫脸色如常,举止行为也与往常没有半点儿不同,她打消了这个念头。

她又开始怀疑,怀疑是不是公公婆婆将食物拿去藏起来,要拿去给他们借住在这里的外孙女吃。但她看到公公婆婆与往常一样地对她好,外孙女也像往常一样甜甜地叫她舅妈,一切与以往没有什么不同。她感到有一点儿惭愧，赶忙又打消了这个念头。

最后，妈妈终于决定要一探究竟。

她决定晚上在冰箱那边守着，因为家里的食物大多都是放在冰箱里面的。而且大白天的时候，家里都是有人的，偷吃东西的人根本没有机会去拿。

入夜了，妈妈早早地躲在了一个角落里，这个角落离冰箱不是很远，刚好可以看清冰箱周围的动静。

但是，时间一分一秒地过去，"小偷"并没有出现。就在她忍不住快要睡着的时候，突然，一阵缓缓的，轻到几乎不可闻的脚步声传来，若不是在这般安静的夜里，只怕她都不可能听见。

来人蹑手蹑脚地靠近冰箱，竟然是她那六岁的儿子！

儿子非常熟练地将冰箱里的食物装在一个盒子里，然后从大门出去，在自家院子里七弯八拐的，走到了一处非常隐蔽的灌木丛。这个结果其实在妈妈看到来者是儿子时，就已经猜得八九不离十了。

只见儿子将食物放在了一只大狗的面前，大狗的旁边围着几只刚出生不久的小狗。儿子看着那只吃食的大狗，自顾自地开始说起话来："唉，大狗狗，我好羡慕你身边的小狗狗啊！不管怎么样，你都会陪伴在它们身边。而我呢，爸爸妈妈都只是这几天有空回来一下，过两天又要走了，家里就只剩外公外婆照顾我。我也知道爸爸妈妈没办法，把店迁回来是不可能的，只是……"

那边的儿子还在滔滔不绝地对着"树洞"吐露着心声,而这边的妈妈早已经泪流满面。为了生意,她欠儿子的实在太多了……

沙　漏

俞沁琦

> 时间像琥珀，那些记忆被一点儿一点儿封锁，不曾忘却。
>
> ——题记

窗外淅淅沥沥的雨下个不停，一滴滴微不足道的雨滴汇聚起来便是一个小水洼。我，又陷入了回忆……

四年级，班上新转来一名女生，她的性格大大咧咧，见到谁都像是很熟的朋友。很快的，一个学校的人都认识她了。她送了我一只沙漏，我很喜欢。我们每次并肩走进校园，门卫大爷总是指着她对旁边的人说："喏，那就是李朵儿！"

后来，我感觉她变了好多，变得好陌生。也许是因为她亲人去世的缘故吧。我怕她伤心，便只字不提此事。

也正是从这件事后,她的学习成绩一直在走下坡路,上课也自由懒散起来。老师好几次找她谈话,她都是一只耳朵进一只耳朵出。再到后来,连老师都放弃她了。

记得有一天下午,上音乐课。她突然不见了。我着急坏了,急忙跑去向老师报告。于是这一节课,我和老师都在寻找李朵儿的路上……就在我经过食堂的时候,我无意间瞟到了一个熟悉无比的身影飞快地跑过去。我连忙追上去,拽住她,说:"站住!你干吗不来上课?知不知道逃课是会受到处罚的?"没想到她一脸的不在乎,嘴里还含着一根棒棒糖。就在这个时候,老师赶来了,生气地问:"李朵儿!逃课是吗?这么厉害了?"见她嘴里还叼着棒棒糖,老师更来气了。一阵狂风暴雨后,这件事也就告一段落了。

由于她的叛逆,同学们逐渐疏远她,老师也对她漠不关心了。她送我的沙漏蒙上了浅浅的灰尘。

就在同学们、老师甚至我准备放弃她的时候,数学老师举办了一场小型的比赛。成绩出来后,同学们先是惊讶再是满脸的不屑,你一言,我一语,都觉得李朵儿的成绩不真实,应该是抄袭的。就连老师也不相信,还为了这件事专门找她谈话。

日子一天天地过去,终于在一天午休时,一位多事的女生向老师举报,李朵儿的作业应该都是抄的!老师听后并没有说什么,只是装作若无其事的样子继续备课。这种话是最伤人的，但是李朵儿听后并没有什么情绪变化。这真是太奇怪了，这完全不是她的风格。下课后，我找到她，问道："你到底有没有抄？"她摆了摆手，说："连你都不相信我吗？"

从这以后，我与她好似中间隔了一层纱，变得冷漠，互不关心。就在期末考的成绩出来那天，我震惊了，老师震惊了，同学们也震惊了。李朵儿竟然考了班级第二名！

我们都误会了李朵儿。她遭遇了不幸，又慢慢把痛苦转变成了力量。这才是真正的力量。这一次，我们都真心的从心底佩服她，由衷地为她鼓掌。老师也对她进行了热烈的表扬。

参加毕业典礼这天，我和她如往常一样，并肩走进校门。门卫大爷一看见就大声地说："喏，那就是李朵儿！"

那只沙漏，仍然在演绎着时间的温情。

植物消失以后

吴真渝

在某座小城的某个角落,一种植物突然不见了。

全城的人,没有一个人发现。他们忙忙碌碌,谁有没有时间停下来去看看植物,哪怕一种植物。

过了一段时间,小城热闹的广场上,又一种植物消失了。有人察觉了,开始窃窃私语。

又过了几天,很多的植物不见了!"呀!这些树和草到哪里去了?"一个正在舞剑的大爷收住动作,突然喊了起来。越来越多的人聚到了一起。"是啊,好像昨天还在啊。""你们看,公路上的树也不见了!"……大家议论纷纷,却不知如何是好。

第二天,这个小城所有的植物都不见了!

老天啊,这是怎么回事啊?

受邀来小城的专家们你看看我,我看看你,谁也说不出个所以然来。最后，他们得出了一个结论："这是天灾，是人类不能抵挡的，我们只能祈求上天。"

……

日子一天天滑过。老天似乎一直在生气。

一个月后的某天，有人在小城的一个角落发现了一株草。

"为什么这株草能幸免于难？""这是上天的启示吗？"大家七嘴八舌。

一个稚嫩的声音响了起来："我知道！"语气清脆却带着不容置疑的力量。大人们没理会小孩子的话，说："这是专家们管的事，你别在这儿添乱了。"那个小孩子说："这是我养的灯笼草，到时还会挂灯笼呢。我一直用心地照顾它。而你们大人，为了赚钱，根本不顾及环境，不在意植物，所以，植物才会消失啊。"

大人们听完，一个个陷入了沉思。

也许，他们想起了《皇帝的新装》，那个小孩子讲的是大真话啊。

小城的人们在深刻的反省后，马上行动起来了。他们开始治理环境，还从其他地方运来了各种各样的植物，并精心照料着。不久，草儿探出了久违的小脑袋，花儿快乐地舒展着花瓣，大树潇洒地抖动着它的长发，鸟儿也回到树上安起了家，空气也越来越清新了。

植物们回来了！美丽的小城又恢复了生机。

阿蝶的薄荷蛋

楼　渊

阿蝶不久前搬过来，肥硕的身材，傻乎乎的笑脸，令我有点儿莫名的亲近感。阿蝶成绩不太好，又总是脏兮兮的，被其他人视为"土包子"。只有我例外，整天愿意和她混日子。

阿蝶成绩不行，看着她个位数的分数，再看看她憨厚老实的笑容，我真的发不起火。我叹了口气，为她讲起题。我讲得口干舌燥了，瞟了瞟阿蝶，她双眼直勾勾地盯着试卷，又走神啦！我推了推她："阿蝶，五的平方是多少？"她猛一回神："荷包蛋，原料，薄荷……"她似乎意识到了什么，声音越来越小。我气得把笔一撂，扭头便走。每次的补习，总会草草收尾。

只要我不高兴，阿蝶总爱递上两个薄荷蛋，还冒着热气。她满怀期待地问道："好吃吗？"我小嘴一撇，把鸡蛋塞进嘴中，翻了个白眼："算你有良心。"

阿蝶学习上笨乎乎的，其实心灵手巧。我最爱的薄荷蛋，便是她与我的独家美食。薄荷蛋虽然带点儿苦味，但其袅袅薄香总会萦绕不去，似在舌尖上来了场圆舞曲。那是我童年最无法忘怀的味道。

我又来找阿蝶做薄荷蛋了。看着她忙忙碌碌的身影，我轻悄悄走到她身后，拍了拍肩膀："教我，可以吗？"阿蝶微微一愣，既而点了点头。她手把手教，我认认真真学。真的，厨艺能做得好，很难。在我手忙脚乱中，两个薄荷蛋出炉了。我迫不及待地为阿蝶递了一个过去，阿蝶尝了一小口，接着塞进了整个，她含糊不清地说道："好吃。"我兴奋地咬了一口，突然脸色骤变："呕，呕，真难吃，又苦又咸。"原来，好吃只是对我的安慰而已。阿蝶捏了捏我的脸颊："这是我们革命友谊的第一个鸡蛋，我亲手教你的。"我嘟嘟嘴，阿蝶眯着眼："我每天都会来教你。"我兴奋极了，夸下海口："我一定会比你还厉害。"阿蝶微微愣了愣，低下头，有些伤感地说："但愿那天不会太远。"

可我终于没有等到那一天。直到如今，我才理解阿蝶那句话所包含的所有情感。一场大病，阿蝶被死神带走了。阿蝶在一夜之间离开了，不打一声招呼地走了……这是我无法接受的。我的心底被抽空了，留下黑乎乎的窟窿，冷风吹进伤痛，疼到无法呼吸。

我疯狂地做着薄荷蛋。泪模糊了肿起的双眼。阿蝶，我只怕一时不做，就会将你忘记。只要我记住你的薄荷蛋，就会让时光重现。

　　我的QQ动态中，有这么一段话：

　　"每一天，我都做着薄荷蛋，只因为它还有你的味道，令我不会忘记。"

　　阿蝶，你知道吗？

我班的牛人

王嘉敏

我班是个牛人荟萃之地。这不,他们正向我们走来。

前总统的"私生子"——何锐

这位所谓的前总统的"私生子"是个超级学霸,因为皮肤比常人黑,且笑起来的样子像极了美国前总统奥巴马,于是有人叫他前总统的"私生子"。同时,又因为他是响当当的班长,我们都叫他"老班长"。

其实,"老班长"这名字出自课文《金色的鱼钩》里的炊事班的老班长,不过那个老班长后来死掉了,所以我们叫何锐老班长带有或嘲讽或嫉妒的意味,谁叫他学习那么好呢!

他平时做作业时相当入神,别人叫他,他看都不看一眼，好像天塌下来也不关他的事。他精通语数英，特别是数学，当他说数学很简单时，差点儿被愤怒的同学们打进医院。他最吸引人的是他的笑声，他的笑声总是"呵呵咯""呵呵咯"的，中间居然带有"咯"的音，对此，我也是"呵呵"了。

抠脚大佬——王雅楠

王雅楠这个"大佬"的来源可奇葩了，上次交英语作业的时候，英语老师发现了一张空白的卷子，没写姓名，只有几个"我是大佬，不留名"的字。然后英语老师又气又好笑地说："哪个大佬的卷子，给我拿回去！"而上来拿卷子的就是雅楠同学。

王大佬这人可不一般，特喜欢搞笑，上次王大佬说要挖我祖坟，我觉得很搞笑："我俩都姓王，搞不好五百年前是一家，你挖我祖坟，说不定也就把自己的祖坟挖了。"不过他也不生气，什么古怪的事都能做得出来，只有你想不到，没有他做不到。这不，他又开始抠自己的脚，还被老师发现了。王大佬下课后跑来跟我说，那是沙子跑进他脚缝里了。

王大佬平时很喜欢跟我聊天，我发现他说话喜欢带手势，说完一句话就"嗯"一下。你听，他又说开了："茨威格好像希特勒，嗯。""某某某嘴好贱，嗯。""这个人脑子有病,嗯。"当我问王大佬为什么后面都要加个"嗯"时,他的回应还是"嗯"。

吃月亮的天狗——蒋昊涵

蒋昊涵生性幽默,性格开朗。上次中秋放假,阿秋说要我们看一眼月亮吃一口月饼,蒋昊涵却说他要看一眼月饼吃一口月亮。吃月亮的那个不就是天狗嘛,于是,"天狗食月"变成了"昊涵食月",慢慢地,此典故在班上广为流传。

蒋昊涵还特纯真,动画片主题曲唱得不错。他上次和我聊天的时候,提到了"M-78星云",我问他"M-78星云"是什么?他说,奥特曼的故乡啊!春游的时候,他喜欢抢镜头。别人骂他的时候,他从来不理,就当成那个人在骂的是和他自己同名同姓的人。和别人发生矛盾冲突,过了一会儿,他就像什么事也没发生过一样,又和那人玩起来了。他气量很大,从不记仇,爱用长满痘痘的笑容灿烂的脸迎接他人挑剔的目光,有那么一点点像北宋的"不喜记人过"的吕蒙正。

不必多说了吧,有机会请君亲自来我班见见牛人们。

梦想开始的地方

楼心月

听着全场雷鸣般的掌声和欢呼声,我意识到自己离梦想又进了一步。

五年前,体弱多病的我被父亲强制带到乒乓球馆去强身健体。我觉得打球是男孩子的专利,自然是极不愿意的,父亲哄我说只练一个晚上,下次凭我自愿。当我耷拉着脑袋站在球馆门口犹豫不决时,有只粗壮的大手轻轻拍了我的肩膀,转头迎面而来的是教练暖暖的微笑和杯里铁观音茶味的怡人清香,那信任的眼神似乎在说:"小丫头,你能行。"

教练先教我动作,然后就不停地让我训练,同一个动作要至少重复上百次,直到教练满意为止。说也奇怪,我是那一批新学员中表现最棒的一个,教练不时地竖起大拇指。下课时还把我抱起来说我有灵气,打球有天赋,还奖励我一根棒棒糖!

自那以后，我爱上了乒乓球。没想到，练球的过程是痛苦的，刚开始用球拍的那段时间，我的手酸痛得厉害，动作不规范，教练的眼神像把刀直飞过来。在练多球时，我好几次把球打在教练头上，他怒发冲冠，罚我蛙跳好几圈。经过几个月的强化训练，我终于可以在球台上"小试牛刀"了。站在台前我兴奋不已，对手发了个"下旋球"，我匆忙一接，球下网了，心想下次该把球抬高了，这时对手却发了个"上旋球"，"啪"就找不到球的方向了。定睛一看，我倒吸一口凉气。原来球迅速地离开球台，直奔球桌上面的大灯而去，灯被球撞击了一下，散落一地尘埃。教练瞪着眼睛大声说："你打太阳啊！"引得学员们哄堂大笑。我似乎被羞辱了，一种放弃的想法油然而生。

　　回到家，我向父母倾诉我的不满，父亲语重心长地说："成功来自勤奋和坚持，哪个世界冠军没经过成千上万次的训练？受到一点儿委屈、困难就逃避，你能实现自己的梦想吗？"于是我暗自下决心：一定要让梦想的种子萌芽、开花、结果。从此，我更细心地听教练讲解，手磨破了，简单包扎；身体累了，稍作休息；胶皮坏了，新的粘上。在炎热的夏天，像蒸笼一样的球馆里，已分不清泪水和汗水。

　　五年后的我，在梦想开始的球馆，采摘下饱满的果实。参加省、市数十次比赛便是佐证。

　　在逐梦的道路上，我会遇见更多的幸福。

外公的莲蓬

陈思宇

田野上，一大一小的身影，一步一步向远方走去。大的是外公，他那强壮的肩膀上，背着一个大竹筐；小的是我，我的手被外公长满老茧的手紧拉着，去到池塘边采摘莲子。

"站远点儿！别摔下去了！"外公用命令的口气告诫我。我像一只乖顺的小绵羊，乖乖听从牧羊人的指令。外公拿出自己的"秘密武器"：他自己做的一个长钩子。那是一个长满铁锈的钩子，破破的，绑在一根粗实的竹子上。外公踮起脚尖，盯着前方的一个带着露水的莲蓬，用他的"武器"使劲去够。

"加油！还差一点儿！"我给外公鼓劲道。外公拼命地踮起脚尖，可还是差那么一点儿。他东走走，西看看，终于找到了一块离莲蓬近的地方。外公伸长手臂，身体往前探,高高地踮着脚尖。我看着外公的动作,忍不住笑出了声。此时的外公,像极了"唐老鸭",屁股往天上顶,双手向前延伸,脖子使劲向前伸,眼睛像鱼泡一样扫荡着池塘,那模样让人忍俊不禁。

外公终于够到了莲蓬,成功摘下,"啪"的一声朝我扔过来。我接住从天而降的莲蓬,马上剥开品尝起来。绿绿的莲子好像一个个精灵,圆润而可爱。剥开它们鲜绿的外壳,里面的果实就露出来了。它们就如刚出生的婴儿,有着嫩嫩的皮肤,让人觉得一捏就可以捏出水来。

趁我观察莲子的工夫,外公又采到了五六个莲蓬,它们像炮弹一样飞过来,我就像武侠小说里的高手一样,躲过攻击。莲蓬一个个落在我的脚边,歪着可爱的脑袋看着我。我抬起头,向外公的方向看去,只见他一只脚向前迈了一大步,另一只脚在后面定牢,用竹竿拨动着满池塘的荷叶,寻找着莲蓬。

突然,传来了"扑通"的声音,一大波水花溅起来。岸上的外公没了身影。"外公!外公!"我着急起来,向着外公的方向飞奔而去。只见外公半个身子浸在水里,身上脸上都沾满了泥巴,跟个"泥人儿"似的。呵呵呵,我笑了。外公见我捂着嘴在笑,也像个孩子似的笑了起来。

我劝外公回家换衣服,可他却一直摇头说不。无奈之下,我只能看着外公穿着"泥衣"在岸边走来走去,不停地伸着头寻找我爱吃的莲子……

终于满载而归。看着外公的模样，再看看一大捧的莲蓬，我心里涌起一波又一波的感动。剥一颗莲子放到嘴里，一口咬下去，不老不嫩，刚刚好。那爽爽的甜味，一直甜到了我的心里。

送你一路花开

黄婧娜

我有一个很奇怪的爷爷。他的思想总是跟别人不同,别的老人在八十二岁时肯定在家,下下棋,喝喝茶,可他却不一样。

每到周末,我总会从屋中拖出一把小竹椅,搬至已被老鼠啃出小洞的木门边。每当听见吱吱声,我便断定是爷爷骑着那装着垃圾的三轮车回来了。

爷爷,您知道吗?我好几次像侦探一样偷偷跟着你。早上五点左右,我便听见你又是推车又是关门。破旧的三轮车发出老鼠一样的吱吱声。等着您的吱吱声慢慢远去,我就跨上了我的自行车,开启了跟踪之旅!

我总是和您隔着一段不远也不近的距离。我看见您弓着身子,在垃圾桶里找着什么。有一次,一对母子从我身边走过。我听见小孩子在问妈妈:"那个爷爷在干什么？"年轻的妈妈说："如果你不好好读书，也会像他那样。我看他肯定是从小不好好读书，没钱买东西只好在垃圾桶里找食物吃，你以后可要好好学习啊。"我狠狠地瞪了这个女人一眼，真想跑过去大吼一声："你才吃垃圾呢！"可是，爷爷似乎一点儿也不在乎，依然在专注地翻垃圾桶。

不知过了多久，爷爷重新骑着三轮车向前。爷爷刚刚翻过的垃圾桶里的垃圾，被爷爷按可回收、不可回收给分出来了。我想起我可是见垃圾桶就乱扔的呀，不由得一阵耳热心跳。

爷爷一边骑车，一边四处张望，看地面是否有垃圾。如果遇见泡沫箱、玻璃瓶等，爷爷就会把它们带回家。爷爷把玻璃瓶洗干净，养起了水培植物，绿萝、铜钱草是爷爷的最爱。它们在窗口舒展着胳膊和腰脚，爷爷看着它们也伸伸腿弯弯腰。爷爷在泡沫箱里装上泥土，种上一箱箱的花。长春花、太阳花、茉莉花、三色堇、九里香、海棠花，它们似乎每天都在热情地吐露着芬芳，香气熏得爷爷脸上也总是笑容绽放。

然而，每次爷爷骑着三轮车回来，总会有人嘲笑他。但爷爷还是乐呵呵的。

我想，爷爷就像神话里的花翁，在送我们一路花开。每一朵美丽的花儿，每一缕清香的空气都会感谢他。

那抹甜甜的笑

何雪宁

我和小A相识在幼儿园,可谓是老朋友了。在我的记忆里,她的笑容最甜美。

上小学二年级的那个夏天,我和小A一起去我的老家玩。那次,我们家刚好进行家庭聚餐,我的七大姑八大姨都在场。小A一进餐厅,一双双陌生的眼睛都向她看去。她原本抹了蜜似的笑容瞬间消失,替代它的居然是雷鸣般的哭声。最后,那餐饭我没吃,全陪她去池塘边扔石头了。

我们很爱玩小人儿的游戏。左右两只手伸出二三指,扮演各种角色编故事。我们常为一个小人角色的真实场景,满大街地乱跑。那一次,我们跟她妈妈走丢了。小A一下子就想了一个"顶好"的办法:"我在几百米那边有一个阿姨,到她那里去吧。"我也像打了气似的,说:

"快走啊！"于是，我们俩跑到了小A阿姨家。她这几百米，可跟我想象中的不大一样。我们就直接从市中心跑到了农村，花了两个多小时。在七点多的时候，她妈妈接到了电话，把我们送回了家。那天晚上，小A打了个电话给我："我今天作业做到了十点呢！"我一听，生气了："现在我还没做完呢！你还好意思和我说！"说完就挂了。不一会儿，小A又打电话来，说："只要你把每一天都当成国庆最后一天来过，作业就很快做完啦！"真是让我哭笑不得。

我们渐渐长大，迎来了小学的最后一天。小A的老家在温州，她爸爸要在那儿工作。送小A走的那天，我哭了。小A的脸上是甜甜的笑容："不要那么悲观嘛。来，擦擦眼泪，别哭了。虽然眼前是个坏消息，但是马上就会有好消息的！我爸爸只是到那里工作两年，只是去那里做一笔大生意。等我回来，我们又可以在一起玩了，真不知那时候你长什么样子了！"听了这话，我马上不伤心了，反而说："你怎么还絮絮叨叨的！快走快走！""刚才还哭得稀里哗啦，现在又赶我走？"她不满地嘟着嘴说，"一定等我啊！"

上了火车，她又把她那抹了蜜似的笑容贴在火车车窗上，又一次向我笑了。火车载着她的笑容向远方驶去，直到不见。我想，两年后，火车一定又会载着她的笑容和那条好消息向我缓缓驶来。

特殊的礼物

吴 婧

> 那一个个长得晶莹的葫芦，串在一根竹签上，让人忍不住陷入往事，一头扎进去无法自拔。
>
> ——题记

姐姐在国外读书，给我寄了一份礼物，一打开，我就陷入了回忆。

还记得那时不经常出门的你，拉着我去赶集。那是一个阳光灿烂的日子，空气中氤氲着一股特别好闻的味道。天气是那么的晴朗，晴朗得望不到边，也看不见白云。

你的身后一片艳红。我拉着你的手在那儿傻傻地站着，凝视那一颗颗令人怜爱的东西，它们圆滚滚的身子，外面镶着一层糖，亮闪闪的，漂亮极了。

"想吃啊？"一个柔和的声音传入耳朵。我用力地点点头，还不时用手指点一点。你拿下了那其中的一串，我立刻伸出双手接过，轻轻咬了一口，甜甜的，酸酸的，好一个冰糖葫芦。你笑了，笑得那么开怀。

可如今，你早已不在我身边。

你可知道，我很想你；你可知道，我每次看到你的东西都会傻傻发呆；你可知道，这几年，我每天晚上都要抬头看看天，看看有没有属于你的一颗星星。我真的很想你！

我机械地拿起那一个只属于你我二人的回忆，轻轻咬了一口，咽下，只有一口苦涩和挥之不去的痛苦。

我在心中冷笑，是往事欺骗了我，还是我在自欺欺人？

我想起了你的笑靥，你那柔和似水的声音和那挥之不去的面容。

那就将这一抹苦涩埋在心底吧，让我们之前的过往化为最美好的回忆。

我对着天空说："外婆，你在上面过得好吗？你知不知道我很想你！"

天地一片苍茫，无任何人回应。

那就把我们之间的痛苦、不愉快就此了结吧！把这些都吃掉，属于你我二人的糖葫芦。

现在，我已把那冰糖葫芦吃完。姐姐，谢谢你这特殊的礼物，谢谢你打开了我的心结，谢谢你在这么远的地方，还时刻关心着我这个不省心的妹妹。

空气净化手链

徐梓涵

"放假喽,放假喽!"国庆长假对于我这个旅游小达人来说,再好不过了。青山绿水在向我招手,特色美食在向我眨眼……这感觉别提有多棒了。

突然,一辆满载家具的卡车,"嗖"的一声从我身边冲了过去,大团大团如乌云般的尾气迎面扑来,与我的鼻子和眼睛来了个亲密接触。

赶了半天的路,终于到了目的地。我们准备在露天餐桌上享受美食。我像一头饿疯了的狼,伸着长长的舌头,正欲扑过去,忽然,我闻到了一股怪味。一抬头,我就看见了不远处的烟囱。此时,风不合时宜地迎面吹来,我的好心情顿时变成了傍晚的太阳花,没精打采了。

哎,如果有一个能带在身边的空气净化器,那该多好啊。

我的目光停在了妈妈的手链上。那是一串漂亮的紫色手链，妈妈很喜欢在出门时戴上它。我可不可以发明一种空气净化手链，也让大家出门时戴上，让周围的空气变得好一点儿呢？想到这儿，我的心里填满了兴奋。

这些天，我一直在想啊想，争取拿出一个可操作的科学性方案。

一回到家，我二话不说，冲入书房，拿出纸笔，就开画了起来。我画了撕，撕了画。终于，面前的白纸上出现了一个含有活性炭滤芯的半液态手环。它有一个如运动手环般的小屏幕，两边有两块微型的可储存能量的太阳能板，整个手环就以太阳能为主能。屏幕的前后放有两个小小的孔，只要有害气体一进入，它就能把信息与数据传到屏幕上，清晰地显示在屏幕上方，同时还会有立体图像呈现在半空中。这个小孔属于吸气孔，它能把周围的气体吸入，再用活性炭滤芯过滤。

妈妈看我很久没出房间，就走进来看个究竟。我看到妈妈手上的链子和她身上淡淡的清香，又产生了新的想法。我设计的手链不仅有净化功能，还可以带点儿清香。对，我可以在这个小夹层里放一点儿干百合花瓣或玫瑰花瓣。手链的材料应该是一根非常柔软又冬暖夏凉的透明橡胶管，里面装有超轻的会因天气而变色的液体，如果是晴天，手链呈绿色，给主人带来清凉；如果是雨天，手链呈红色，将阴霾一扫而空。到了晚上，手链还会发出柔和的蓝色光芒。

　　我和妈妈聊起了我的小发明，妈妈看了又看，问了又问，直向我伸出大拇指。

　　我相信，要不了多久，妈妈就能戴上我发明的手链。我希望我们一家乃至更多的家庭都能拥有空气净化手链。

世界很小，你在就好

楼熹玥

街边的树已经秃了头，金黄的树叶飘飘洒洒落下。

奶奶的短发不知何时已经褪去所有黑色。她慢悠悠走远，左脚有些跛。衣裳被风吹得鼓鼓的。微黄的阳光照在她身上，为她镀上淡淡的轮廓。奶奶的背有些驼，身材不算高大，胖倒是真的。可那越走越远的影子，分明有一丝瘦弱。

我出来找奶奶，望着她的背影，我停住了脚步。我记忆中的健康的奶奶，不过几天没见，却已大不如前。我心底忽然生出一种恐慌，怕她就这样走远，再也回不来。

从小，我与奶奶生活在一起。对奶奶，我比对爸爸还亲近。我不到三岁就没了爷爷，奶奶总会提起爷爷，每次说的总是同几件事情。我不明白奶奶为什么一次次提起，听得多了，我就厌烦了，皱起眉头打断道："哎呀，我知道啦,您都说了多少遍啦!"奶奶立刻噤了声,轻轻叹口气,摇摇头去做别的事。那时的我,未曾留意奶奶脸上划过的悲伤。

秋天,橘子熟了。身边的小伙伴们拿着一个黄澄澄的大橘子,剥了皮,一瓣瓣饱满的果肉散发着香味。我看着眼馋极了。一回家,我就喊:"奶奶,我想吃橘子!"奶奶端出一盘热腾腾的菜,说:"想吃橘子?好,先吃饭,好不好?"我噘了噘嘴,开始吃饭。

奶奶不太爱吃水果,也不太会买水果。早上,我醒来,走进厨房,奶奶却不在。这时,门口有了动静。我走出来一看,奶奶拎着一袋子菜走进来。我立刻接过袋子,一样一样翻出来,没有看到那种亮黄色的大橘子,我颓然地垂下头。奶奶似乎想起了什么,赶紧走出去,她身上松弛的肌肉一下一下颤抖着。不一会儿,奶奶又拎着一个稍小的袋子匆匆走了回来,一边走一边伸手从袋子里掏出一个橘子,递给我。奶奶大口喘着气,看着我一点点剥开皮。我掰了一瓣给奶奶,她摇摇手:"我不喜欢吃酸的,你吃吧。"我自然没有留意到奶奶说话时的神色,欢欢喜喜地大口吃着橘子。奶奶转身离开,留给我一个微驼的背影。

奶奶虽然并不像别的老人那样瘦骨嶙峋,但老年人容易生的病却几乎都有,天天都要吃一大堆的药,活生生一个药罐子。我在奶奶身边时,她总喜欢到村里老人们家里串门，身体还算健朗。我们把奶奶留在乡下，除了电话里的嘘寒问暖，再无其他。

突然有一天，一道惊雷打破了奶奶平静的生活——中风。奶奶躺在病床上，嘴角有点儿斜，半边身体没有知觉了。我的鼻头酸得不行。

现在，奶奶已经出院了，但中风留下的痕迹已然抹不去，说话也不再利索。可是，只要我回到奶奶家，她总会第一时间转过身，满面笑容地迎接我们。

奶奶，世界很小，你在就好。

童年的衣柜

韦杭汝

阳光从窗外斜斜地洒入,尘埃在窗帘旁欢快地跳跃着。我站在衣柜前,思绪早已回到了以前……

那年,姐姐七岁,我三岁。刚刚吃完中饭,我从凳子上摇摇晃晃地站起来,急切地想去拉姐姐的手,原因嘛,当然是想和她一起去找白雪公主。两只小手牵在一起,没走几步,爸爸就叫我们午睡。我和姐姐来到我们的秘密基地,相视一笑。姐姐把门打开,这时,映入我眼帘的是一件件花衣裙,一阵阵清香扑面而来,我顿时觉得自己身处城堡。我们两个抱着娃娃爬进衣柜,"砰"的一声门被关上,衣柜里面一片漆黑,我的心怦怦直跳。"城堡"里很温暖,我拉着姐姐的手,依偎在她的怀中,小嘴兴奋地讲个不停。姐姐笑了,我也笑了。那时候,童年的衣柜是我们心中的城堡。

那年，姐姐十一岁，我七岁。那时，我不再迷恋童话，我爱上了捉迷藏。暑假，总会有一大堆小朋友来我家玩捉迷藏。因为我和姐姐总是最难被找到的，所以小伙伴们就决定让我俩来躲，她们几个分头找。游戏开始了，我俩像离弦的箭一般冲向了卧室，我俩站在衣柜前，相视一笑，爬了进去。黑暗中，熟悉的味道扑面而来，但也安抚不了我紧张的内心。她们开始找了，从缝隙中，我可以看到她们进进出出的身影，我俩的心也跟着怦怦直跳，为了平复心情，我索性闭上眼，不再多看……一分钟过去了，三分钟过去了，五分钟过去了，时间到了，我们赢了。我俩相视一笑，开心地击掌。那时候，童年的衣柜是我们的游乐园。

那年，姐姐十五岁，我十一岁。那时，我和姐姐迷上侦探小说。一天晚上，我整个人翻来覆去睡不着。姐姐看出了我的焦躁，拍了拍我的肩膀，悄悄地告诉我："不如我们去衣柜里打着手电看书吧，那氛围，简直就是完美。"我当然举双手赞成，我俩拿着手电，蹑手蹑脚钻进了衣柜。微弱的灯光中，我再次闻到了那熟悉的味道，摊开书，仔细地看了起来。那时候，童年的衣柜是我们美妙的书屋。

今天，我站在衣柜前，想再一次像小时候那样钻进去，想再重温一次儿时的梦，却发现有些人，有些事，有些地方，只能铭记，无法重来……

环保机器鸟

吴宜炫

"扑哧，扑哧"，这是什么声音？树林里、城市中、村庄里到处都有它。仔细一看，原来是一只只像鸟又不是鸟的机器正在忙碌着。

这就是我的最新发明——环保机器鸟。你别看它是不起眼的机器鸟，功能可不小。

不知什么时候起，废电池、瓜皮纸屑、塑料袋等不断污染着我们的环境，有了这只环保机器鸟你就不用担心了。看，它正在不断地用它那尖尖的嘴一啄一吞，人们随意丢弃的各种垃圾便毫不费力地被吸进强大的胃里，通过里面的"胃动力"一部分被分解成电能，供环保机器鸟保持工作所需的电量，另一部分被分解成有机肥料。环保机器鸟会根据它工作范围里的植物生长情况，自动在空中排放，农人们再也不用背着机器费力地给庄稼施肥了。有了环保机器鸟的清除垃圾和施肥功能，庄稼壮了，小树长大了，绿意盎然的小山丘回来了。森林也越来越绿，越来越密，"乱花渐欲迷人眼，浅草才能没马蹄"的美景触眼可及。

环保机器鸟不仅能清除垃圾还能净化空气和水。你瞧，一只只环保机器鸟不停地用它的鼻子向四处发射微波，一发现空气污染源，便把那些废气一股脑儿吸入它的肺，通过肺里的空气过滤网，把废气转换成了新鲜空气。废气中的有害物质还能被它体内装着的有机物质化解成香水，洒在城市上空呢！北京城不再被雾霾笼罩，蓝天如洗，空气如绸，中外游人流连忘返。

环保机器鸟对水的净化更加神奇。这个功能的关键武器就藏在它的眼睛里，那里装着一架小型的高倍显微镜，目光一扫描，体内的计算系统就自动测量出水的污染程度，并计算出适量的"水源净化剂"进行投放，不管哪里的水，只要一加入"水源净化剂"，立马就会变得清澈，甚至可以让人们放心地饮用。怎么样，我的环保机器鸟不错吧？

慢，你可别急着为我鼓掌。其实，这只是我的一个梦想。但我知道，有梦才有远方，有梦才有希望。

那远去的背影

姚嘉俊

瘦小的身材,满头的银发,拄着拐杖,颤颤巍巍。那个熟悉的背影又到我的梦里来了。是我想她了,还是她来看我了?

记忆中,太婆十分和蔼可亲,尽管她已有七十几岁的高龄,但是她依然笑口常开。她那吃苦耐劳的精神,至今仍感动着我。

在我三岁的时候,为了我们全家都过上更幸福的生活爸爸妈妈与爷爷三人去外面打拼。家中剩下了奶奶、太婆和我。有空的时候,奶奶会去拿一些手工活,赚一点儿钱。我也会与奶奶一起做,年迈的太婆虽然中风过,腿脚已不如年轻时方便,但她依然拄着拐杖走过来一起做。

一次,我与奶奶做着手工活,忽然发现,有几个零件上有红色的液体。我和奶奶立刻停下看自己的手,都没有被划破的痕迹。我说："太婆，您把手举起来看看。"太婆偷偷地拿起一张纸去擦手。"太婆，果然是你。""没有没有，我手出汗了。"说罢，太婆把这一张纸扔进了垃圾桶。后来，我望了望太婆，发现她的手一直在颤抖。

太婆就是这样一个人，爱把大事化小，小事化了。以前太婆中风的时候，整天躺在床上，因为血液不循环，她的一个脚趾有些发黑腐烂，奶奶每天都给她清洗、护理。我看着就觉得很疼，可太婆总是面带笑容地说，还好不是很痛，它自己会慢慢好的，不用麻烦你们了。可是在药水擦拭的时候，我明明看见她的脚在抽搐……

渐渐地，我长大了，太婆在慢慢地变老。一天我放学的时候，是爷爷奶奶来接我。我马上有了不好的预感。

奶奶告诉我，她出去买东西回来，看到太婆正扶着拐杖要去做手工活，结果脚使不上力，倒在地上，骨头裂了。

我望着躺在床上的太婆，心中似乎有千言万语想对她说，但为了让她好好休息，我克制住自己的心情上楼了。几天后太婆去做了手术，从此，她就与床相依为命了。

好几次，听爷爷说太婆晚上都痛得睡不着觉。周末有空时，我就回去陪伴她，每次问太婆好一点儿没有，她总是强打笑容对我说："不会很痛的。"我跟她开玩笑说："太婆快点儿好起来，妈妈准备要生小弟弟小妹妹了，到时你还可以像抱我一样抱他们，哄他们。"爷爷说那天晚上，太婆睡觉都笑出了声。

那一年春节的前几天，姑婆他们全来了。那个早上姑婆对爷爷说："妈快不行了，估计撑不过今天。"我的心十分凌乱，泪水已不受控制，一滴两滴，从我脸上滑落。那天的时间，过得特别快，太婆走了……

那个晚上我做了个梦，梦中太婆牵着我的手，一直向前走。我走累了，停下休息，但太婆一直向前走。我怎么也追不上了，那背影渐渐远去，远去……

旧 时 光

徐诗云

九年前,当我还懵懂无知时,就会自己从房内拖出一把乡下常见的老竹椅,搬至生了铁锈贴着老年画的门边。我不敢走太远,只是探着半个身子朝坡上的小巷望着,但我知道你一定会来——踏着你那吱吱作响的三轮车。

每当夕阳静静地压在乡下的土屋顶上,沾着灰尘的扩音器响起广播声时,你就会在街头巷隅里踏着那辆三轮车,没有目标似的前行,但又总是约定好了似的停在我家门前。你无须多喊,早有不在少数的孩童拽着家里大人的衣角指着你破旧三轮车上的糖糕,大声吵闹着。你似乎很愿意见这样的场景,大踏步过来抱起我,用扎人的胡子蹭蹭我的脸,半开玩笑地说:"小孩儿这么多,糖糕可是要没你的份啰!"每当此时,我就会从你的怀中挣脱出来,在皱白的塑料纸上狠狠地拽一块,一边往嘴里塞,一边含糊地说着:"谁说没有的?"大块大块的糖渣,伴着我稚嫩的声音,从嘴里噗噗噗地掉出来。

"你这野丫头。"这是你最常对我说的话。

四年前,你当上了村里的党员干部,来我家时我可以看见你皱纹中夹着的汗水,我并不清楚你内心的情感,只看见你大口大口地喘着粗气,手里拿着的瓷茶杯有点儿微抖,和我外公在房里谈着话。

渐渐地,我发现你并没有如此多的精力——一边应付着村中频繁的组织会,一边踏着那辆三轮车了。那不大有意义的会议——原谅我以孩子的视角做出这样的判断,不断地改变着开会的地点,从外公家旁边低矮的平房,到贴着瓷砖挂着领袖画的三层楼,最后到隔壁村搭建的高大的宫殿式房子,你在两村之间不停地来回,似乎没有休息过一般,显得极为疲劳。

两年前,你因过多的事务完全停止了走街串巷的卖糖糕的生活。过年时去你家,屋内少了一份糖糕的香甜,多了几份文件。掉了漆的木桌上,代替不锈钢杯的是一套仿古的青花瓷茶杯,你苍老的大手贴着创可贴,习惯拿起铁不锈钢杯便猛灌的你,拿那娇小的杯身显得极不自然。喝完一小杯的茶,你的嘴不自主地咂巴着,似乎觉得不够痛快。确实,那小小的杯口又如何读懂你此时的苍老?你朝来往的客人笑着,露出泛黄的牙,眼神却一直飘忽着,带着血丝的眼睛显得有些空洞。你一见到我,就往我手里塞了一样红纸包的东西，我没有在意，只是说了句："那三轮车……"突然，我意识到自己说错了话，便沉默了。

你却走过来，打开红纸："傻丫头，你的那份糖糕在这儿。"蓦然间，那些温情的旧时光，打马而来。我把糖糕塞进嘴里，如同九年前般。此时，从嘴里掉出的，不再是糖渣，而是咸咸的泪水。

舅公，你的糖糕，是我旧时光中梦的碎影，更是深植我心田的种子，爱的种子。

母亲的秘方

罗毅卓

冷风如一个野蛮的侵略者，吞噬着我身体里的热量。气温嗖嗖嗖地往下降，不经意间，大地已换上白装。以往的此时，黏稠的鼻涕总是拥挤在我的鼻腔中，把我折腾得又尴尬又难受。

孩提时代，我就落下了鼻炎的病根。一进入秋天，就开始隐隐发作，到了冬天，那更是不得了，鼻涕就像木头塞子般塞在鼻孔中，只能一个劲儿地用嘴呼吸。更可怕的是，鼻涕特别顽固，基本是捻掉一波又来一波，一波未平一波又起。等到鼻子都捏红了，它还是像个棉花糖一样，把鼻腔塞得满满当当。

母亲一见到我这副难受的模样就皱起眉头："怎么老这样？"她深深叹了口气，头望向了窗外。

对我的这个"顽疾"，母亲可是操碎了心，一有空就带我四处寻医问药。先是去了省城杭州，医生给了张药方，母亲似捡了宝贝，满心欢喜地回来——照着方子一一抓药。还记得其中有一味药叫"炮甲粉"，很是难找。母亲不辞辛劳，跑了好多地方。可惜中药吃了两个多月，依旧不起效果，倒是我的胃开始抗议了。母亲只能另求他法。母亲像极了"侦探"，不知从哪又打听到一位"专家"，开了张秘方回来，天天研究配药煎药，为了我的病，母亲真是拼尽了全力。

那天，母亲出差，我早早地进入了梦乡，半夜中突然听到钢盆发出"咣"的一声。我顿时很纳闷：这么晚了难道还有人做饭不成？我怀着好奇心轻手轻脚地走到楼下，循声向厨房望去，只见一个熟悉的身影在昏黄的灯光中忙碌着。我叫了声："妈。"她似乎吓了一大跳，转过身："怎么起来了？我吵着你了？"我揉揉眼睛打着哈欠道："大半夜的你干吗呢？你不是出差了吗？怎么回来了？"只见她继续捣鼓着手上的瓶瓶罐罐，轻声细语地回答道："我怕你明天吃不上药断了疗程，所以连夜赶回来了。"

如今，鼻炎终于不再来纠缠我了，以前天天相见的"葫芦娃"们也被母亲收进了箱子，放进了仓库里。母亲说，是医生开的秘方治好了我的鼻炎。可是我知道，母亲的爱，才是最好的秘方。

漂 亮 女 人

蔡璐瑶

一大早，阿顾就在衣柜里挑选衣服，他穿了一件新的西装，戴了一条真丝领带，头发梳得服服帖帖的，整个人神清气爽地出了门。

一下楼，阿顾就看见一个女人在倒垃圾，女人穿了一条白色的雪纺衫裙子，带有蕾丝花边的，一头大波浪卷长发，整个人美丽极了。阿顾看见女人，眼神发亮，挺了挺身子，满面春风地走过去说："小西，早上好！"被叫作小西的女人看了一眼阿顾，微笑着点头，说："早上好，阿顾，你今天真是帅气极了。"阿顾心里笑开了花，像吃了蜜一般甜。

小西是阿顾的新女朋友，与阿顾是同一个单位的，是阿顾单位中最漂亮、最有气质的女性。阿顾一直对小西抱有好感，后来偶然间听说，他们还是同一个小区的，这让阿顾很是高兴。单位里最有气质的女人是我的女朋友，看来我是很有魅力的啊！阿顾喜滋滋地想着。

一进单位，四面八方传来奇怪的眼神，阿顾被盯得十分不自在，阿顾看了看自己，着装很正常啊。阿顾奇怪地走向自己的位子，屁股还没坐热乎，一个平时要好的同事就凑了上来："阿顾，你是不是新交了个女朋友，就是同单位的小西。"明明是疑问句，却被硬生生说成了陈述句。"嗯，怎么啦？"阿顾很是疑惑，却只得到了对方的一声叹息。

中午在公司餐厅，阿顾听着四面八方传来的议论声，脸色渐渐差了起来。"喂，你们听说了吗？阿顾是小西的男朋友！"同事甲说。"唉，阿顾怎么找了个这样的女朋友啊。"说罢还叹息了一声。"怎么啦？小西看着不错啊，长得很漂亮啊！"同事乙好奇地询问道。"小西这个女人啊，心思可不单纯！"同事甲说道，"上次，我看见她和我们总裁上了同一辆车，进了同一个小区呢！鬼知道他们是不是同居了。""唉，那阿顾不是被戴了绿帽子了吗？真是可怜啊。"同事乙惋惜地摇摇头。"说不准，上周阿顾还升职了呢，说不定阿顾早就知道了，故意的呢！"说罢，两人一起笑了起来。

听到这，阿顾气得满脸通红，怒气冲冲地走向小西的位子。结果没有看见人，阿顾更生气了。问小西的同事，人家说小西没有吃午饭就跑到了总裁的办公室，还没出来，还提醒阿顾，说小西不是个单纯的女生。

阿顾怒气冲冲地走向总裁办公室，刚走到门口，就如一盆冰水浇在了自己的头上，整个人直直地愣在那里。

阿顾听见了小西与总裁的谈话。而小西对总裁的称呼是爸，说的正是夸奖阿顾的话。

阿顾的脸蓦地红了起来。

"神偷"巴不拉

蒋旭丰

有一只猴子,叫巴不拉。

一个偶然的机会,巴不拉得到了一顶可以让自己隐形的帽子。有一天,巴不拉听闻十天后将有一个表演会,很是兴奋。他会表演,这下可以一展身手了。可是巴不拉没有工具。怎么办?他决定当一回小偷。

当天晚上,巴不拉悄悄地戴上可以让自己隐身的帽子,小心翼翼地用树枝荡到商店门口,无声无息地跳下来,再蹑手蹑脚地溜进商店,偷走了小提琴。

每天晚上,巴不拉都会偷一样东西。到表演的那一天,巴不拉把所有的东西都搬上了舞台。巴不拉一边拉小提琴,一边骑着单轮车在跷跷板上骑过来骑过去。

几十天后,很多东西不见了,引起了警察的警惕。某日三更半夜,巴不拉又去偷东西,要走出去时,突然一阵风把巴不拉的帽子吹掉了,巴不拉被监控拍了下来。次日,巴不拉被警察抓走了。

很多动物聚集在警察署门口。山羊奶奶激动地说:"不可能!他不会做这种事!巴不拉非常善良,他帮了我和好多动物,我的眼睛不好,这副眼镜就是他送我的!"其他动物七嘴八舌地对警察说:"这个牙套就是巴不拉送我的!""这个助听器就是巴不拉送我的!"……

原来,巴不拉用偷来的东西去帮助别人,还把自己表演挣来的钱捐给了贫困山区。

警察郑重地告诉巴不拉:"你应该用自己的劳动成果帮助别人,而不是偷窃!"警察让巴不拉把偷来的东西物归原主,并向他们一一道歉。

最后,警察解开了巴不拉的手铐。巴不拉向警察鞠了个躬,跳到树上,用树条荡回到了家里。

你的背影，挂着我的童年

戴弘毅

夜，挂起厚重的窗帘。一切都静了，没有风声，也没有草的窃窃私语，锈迹斑斑的老路灯像是要等谁似的，硬是愣愣地亮着。轻缓的脚步从远而近，路灯映出了外公的身影，那个高大而单薄的身影。

外公是村里唯一的知青。由于当年中国的境况，他不得不去新疆插队。在新疆待了三年后，他回到了家乡，成了一名兽医，并和我外婆生下了三个女儿。

我小时候的时光都是在外公的书房和他的肩上度过的。每次外公要去"出诊"时，我便央求他把书柜打开，从里面拖出一大沓儿童小报来画，有时也会把外公的几本《红十字军》给折得乱七八糟。对此，外公只是宽容地笑一笑。每天下午都是外公出诊回家的时刻，也是我最喜欢的时刻。每次听到自行车或者药箱咚咚响的时候，我就把小竹凳搬到围墙旁,把脑袋伸出矮墙外,看着夕阳在霞间红着脸,看着金色的光斜射到外公身上。外公高大的背在地平线上闪映,他坚实宽厚的背影投射到石子路上,是那么美,那么令人沉醉。这时我便会大声地喊出一串长音:"外公——"那边就会嘹亮地回应:"哎——"我高兴极了,因为外公回家也意味着有甜甜的糖吃。

那时,自行车是主要的交通工具,人们骑自行车往来。在乡下,每星期都有一次集会,里面有许多东西可以买,烧饼、糖炒栗子,还有牛肉干、糖果什么的。每次赶集,我都要叫外婆捎上我,外婆嫌我吵,不肯带我去,我又去求外公。外公呵呵笑着,一下子把我抱到了自行车的篮子上,没等外婆反应过来,就骑着自行车走了。看着外婆好气又好笑的样子,我总忍不住手舞足蹈。等到下午回来时,我抱着一大袋牛肉干,在篮子里睡着了。

可是,一切美好在某一天戛然而止。那天,外公艰难地呼吸着,眼睛无神地望着房顶,我只觉得一个挚爱我的人就要离我而去。恍惚间,觉得一层雾蒙眬了我的眼,一切都仿佛没有了,只剩下空前的安静。落日的余晖仿佛又在眼前,外公的背影被死神的枷锁套住了,背影拉长了,一颗星星,落下了。

落日在飘忽不定的彩云中静默着,映着生锈的栏杆。我仿佛又看到了外公的背影,那个挂着我童年的背影。

我的怪爸爸

张子安

我的爸爸年近四十,头发不长不短,戴着一副眼镜,看上去很儒雅。可脾气嘛,就有点儿怪了。

我的爸爸是一名工程师,在外地工作,每个星期才回家一次,回来要开很久的车。每次回到家中,他都会把一个大包放在客厅,而后疲惫地躺在椅子上休息,经常会不知不觉地睡着。

当我和孪生弟弟听到爸爸的呼噜声时,都会想去捉弄他。我们悄悄地去拿爸爸的眼镜。可刚刚碰到眼镜就害怕了,万一捉弄不成还把爸爸弄醒,反而会被骂一顿。那次,我刚刚把眼镜提起来,爸爸的眼睛突然睁开,立即说:"眼镜是可以乱玩的?"我看见形势不妙赶紧躲起来,当我再去看时,发现爸爸又睡着了。

有次爸爸喜出望外地从外面回来,说着一些高兴的话,原本气氛很好,可一看到弟弟在玩手机就立刻大声说:"不准玩手机,眼睛要不要了?"弟弟嘀咕了一句,引来爸爸的一顿唠叨,那一堆大道理,令人心烦。幸亏我躲在隔壁的房间绞尽脑汁地写作文,从而逃过一节思想教育课。对于作业爸爸可严格了,我们只要作业没写好跑到客厅玩,他就会"狮子吼":"快去写作业,作业没写好,不许玩!"我和弟弟虽然大脑接受了,可过不去心里那关,有些不舒服。爸爸应该看出来了,又故意调侃说:"偏远山区通讯基本靠吼,交通基本靠走。"

周五晚上我们写完作业,开始看电视,我一直不停地按遥控器,找自己喜欢看的节目,一不留神把遥控器扔地上了。那"啪"的一声,把爸爸惹怒了,他指责我鲁莽。我心里有点儿委屈,却不敢表现出来,捡起遥控器继续找,找到了一部电影。过了一会儿,爸爸气消了又高兴地跟我们一起讨论剧情。

爸爸很孝顺,经常去奶奶家,帮奶奶劈柴、烧饭,帮一些忙。爸爸经常会带我们出去玩,也经常会带我们下馆子,也会在半夜的时候来我们房间看看。最近天气凉了,爸爸会给我们盖被子,帮我们把电风扇关掉。

时光如水流淌,我慢慢懂得了爸爸。爸爸并非喜怒无常,他一直在用他的方式教导我们做一个懂规矩明事理的人。爸爸,我爱您。

乡下的月亮

陈巧丹

乡下的夜晚还是那么宁静，月亮也依旧那么皎洁。

窗边的树叶被风儿吹得"沙沙"作响。静倚轩窗，思绪也随之回到了童年。

乡下的午后永远是这么安静，只听见一只只知了在门前的桂花树上诉苦。而我却在房间里看着电视，丝毫不受影响。奶奶见我整天闲得发愣，走过来对我说："我要去田里种土豆了，你去不去呀？别老是在家里。"我连忙点头，关了电视机。

奶奶背着筐，我两手空空，当时的我却心安理得，欢快地走在小路上，还时不时哼起小曲，满脸的笑容，简直要把"高兴"两字写在脸上。毕竟我是第一次去田野里，奶奶也是笑得开了花儿。

"到了。"奶奶放下担子，拿出锄头和肥料，嘱咐我说:"奶奶把坑挖好,你在里面放上土豆就行了。"我撸起袖子,准备大干一场。

奶奶熟练地挖好了坑,而且个个都很均匀,一看就是"高手"。我也不甘示弱,把土豆一个一个地安放好。过了一会儿,奶奶拿起两个袋子,抓出肥料,按顺序撒进去。看着一颗颗像小石子似的东西落入洞中,我立马放下手中的活儿,抢着要玩。奶奶对我说:"这也是有要求的,你得先放大的,再放小的,一小把就够了。"

我们弄了一下午,才算完成了所有事情,转头看看奶奶,早已经是汗流浃背。我问奶奶:"奶奶,你每次都这么干,不累吗?"奶奶看似轻松地回答:"熟练了,也就习惯了。再说了,能让大家吃上健康又美味的自家菜,不是件大好事嘛!"

回家的路上,东西轻了,我们大手拉小手有说有笑地走回家。

吃完晚饭,奶奶拿出西瓜,这是夏天必不可少的水果呀。奶奶用刀切开,拿了一瓣给我,笑眯眯地说:"今天辛苦了,这是你的慰劳品。"我接过西瓜咬了一口,嗯,真甜啊!

仰望天空,正好满月,星星在天空中眨眼,皎洁的月亮似乎为这天画上了一个圆满的句号。

爱的味道

回不去的旧时光

何佳骊

时光好像白驹，飞快流逝。夜深了，看着身前高高叠起的作业，我烦躁地放下笔。走到窗边，看着天边那一轮明月，思绪又悠悠忽忽飘回那段时光，那段和姐姐一起的欢乐而短暂的日子。

暑假，姐姐放假回到了乡下，陪我一起过暑假。青山绿水，鸡鸭牛羊，自然生态，一切好不惬意。姐姐是个随性的人，用自己的心去做每一件事情。她身边总少不了欢声笑语。

那是个异常炎热的下午，大地炙热得令人受不了。我们百无聊赖地待在家中，突然间我瞥见那汪蓝幽幽的井水，在阳光下散发着诱人的光亮，我不由觉得口干舌燥。姐姐见我这模样，没由来一阵好笑，豪迈地一把搂过我："走，姐姐带你去江边！"

江水明晃晃的，干净得像一条玻璃带子，悠悠地流向远方。带着大自然的芬芳清香，映着身后青山的身影。小小的堤坝上，江水拍打着，像顽皮的娃娃，带着风经山林的声音，发出一阵银铃般的笑声。我撒了欢似的，将鞋子一扔，向堤坝跑去。透心凉的滋味，让炎热的夏天，也变得如秋叶般凉爽。路上一排小小的卵石，身边流动的江水，自由的感觉，乐得我像个小孩子，咯咯咯地笑不停。姐姐没好气地拍拍我的脑袋，变魔术似的从身后拿出一个小袋子，拉着我捉蝌蚪。姐姐用手撑开了口袋，一步一步静悄悄地往水边走去；将塑料袋一点儿一点儿地潜到水里。我屏住呼吸看着姐姐，生怕惊扰鱼儿。姐姐猛地提起袋子，一袋子的水和两只四处游动的不知所措的小蝌蚪……那个下午，姐姐清爽的笑和蓝蓝的江水、长尾巴的蝌蚪，伴着悄然出现的晚霞，映在我心中久久无法消散……

晚风咸咸的，吹过那段不经言说的年华。走在乡村的小路上，稻子还未成熟，散发着独特的香味。姐姐带了个小瓶子，也不说干什么，让我闭上眼睛，把我领到一处阴暗的地方。再次悄然睁眼时，入目的是漫天飞舞的萤火虫，在漆黑的夜空，焕发着光彩。姐姐拿出那个瓶子轻轻地拧开瓶盖，喃喃道："飞吧，愿你们结伴而行不再孤单，愿你们在夜空中自由闪烁。"月光点点，跳跃在姐姐发间，透过三寸青丝，瓶子里十几只小小的萤火虫顷刻间飞走，给漆黑的夜空献上一丝光亮，伴着夜晚和清爽的风声，生命之歌唱得回肠荡气。

　　思绪再次飘了回来，如云遮月。多少年之后，我依旧怀念那段旧时光，怀念还未长大的我们……

有一种时光叫幸福

李易岚

清早,我被老爸从床上拖起来。我朝四下望了望,发现以往来叫我的老妈不见了。

"老妈呢?"我疑惑地问。"去杭州了。"老爸答道。

我"哦"了一声,穿好衣服,睡眼惺忪地坐上车,来到了学校。

这天上课,我一直神游般度过,可直到晚自修下课,我才意识到事情的严重性:老爸在金华工作,晚上都在单位加班,并住在金华。妈妈去杭州了,那我岂不是要重新住校了?可现在是冬天啊,学校的薄被子我还没换成厚被子呢。

万一妈妈回来了呢?这个念头如一盏明灯,在我的心里照出了一丝希望。

我决定自己去校门口碰运气。

我在一片人潮中寻找妈妈的身影。我看见吕佳诚妈妈和王杰翔妈妈在谈笑风生，可唯独少了我的妈妈。她们不是无话不谈的好朋友吗？看来，我是注定要睡冷被窝了。

我失望地转过身。突然，一声呼喊让我再次回头："李易岚妈妈，李易岚在这里！"我看见不远处有个奔跑而来的身影。啊，是妈妈。

妈妈气喘吁吁地来到我面前。她的眼睛充满红血丝，眼皮因每天晚睡早起不知分成了几层。但是，一看见我，她的眼睛就有了特别的神采。

"妈妈，其实您不用这么辛苦从杭州赶回来，给余老师打个电话，让老师转告我就行了。" 看见妈妈这么劳累，我的心隐隐地痛了起来。

"那不行，你要感冒的。"妈妈轻轻地按了按我的肩膀，微笑着。我全身一震，心像被闪电劈开了一个口子。妈妈对我的关心如电影镜头一般在我面前闪过：妈妈知道我很瘦而且缺锌，每周挤出时间给我配中药；每个月，妈妈都会去乡下找老母鸡，慢火炖给我吃；为了我在学校里也能养胖点儿，妈妈坚持每天给我送夜宵……

此时，时光泛起温柔的涟漪，心湖缓缓开出了一朵花，在冬季的风里摇曳着。我知道，这朵花的名字，叫幸福。

太婆的巧克力

王会宁

我出生在一个普通的家庭,有许多爱我的人,但最让我难忘的,还是我的太婆。

太婆是个很讲究规矩的人,思想有些封建,经常用封闭的思维看待事情。我从小就喜欢和太婆玩,虽然太婆的年纪大了,没法和我一起跑来跑去。我爱吃糖果,每次回家,太婆总是会拿出她放在高柜子里的巧克力给我吃。这时,我的脸上总是洋溢着笑容,每次看见我吃得满嘴都是巧克力,太婆总会露出她那仅有的几颗牙齿,"咯咯咯"地笑,边笑边说:"慢点儿吃,慢点儿吃,小心噎着了。"这时,我觉得自己是世界上最幸福的孩子。

太婆很严厉,每当爸爸妈妈发生不愉快,太婆准会拿出那把大大的尺子,在桌子上狠狠地敲两下。这个时候,爸爸和妈妈就都不出声了,太婆总是会先批评爸爸:

"你是个男人,要有点儿担当,别老是因为一点点小事吵架……"有时,太婆会因为生气而不停地咳嗽,爸妈都着急地扶太婆坐下,然后帮她倒水。太婆见他们不吵了,严肃的脸色也渐渐缓和了些。

太婆很温柔。每次我放学回家时,她总是会摸着我的头说:"作业多不多呀?饿了吗?"太婆总喜欢看着我写作业,我一抬头,总能看见太婆脸上慈祥的笑容。有一回,我出去玩时与朋友打架,两个人的脸上都青一块紫一块的,我跑回家和太婆哭诉,太婆轻声安慰我。这时,邻居找上门来,太婆就拄着拐杖出去向他们道歉,我躲在旁边偷听,邻居见太婆出来,态度就会有三百六十度大转变。我当时以为是邻居们都怕太婆,其实是太婆替我道了歉。这也让我明白,做错事没关系,关键是要勇于承认并改正,也就是太婆常说的担当!

一个暑假,我和爸爸出去旅游,路上得知太婆生病住院了。我和爸爸火急火燎地赶到了医院。我们来到病房看望太婆,太婆温柔地说:"你们怎么回来了?"然后转过去对爸爸说:"你们先出去吧,我想和孩子待一会儿。"等到爸爸他们出去后,太婆从被子里拿出了一块我最爱吃的德芙巧克力,对我说:"快吃吧,别让他们看见。"我拆开了包装纸,却发现里面已经化了,但我一口吃了下去,心里暖暖的。看我吃得开心,太婆脸上充满了笑容。

太婆闭上了眼睛,嘴角还留着一丝微笑。当我反应过来时，太婆已经去了另外的一个世界。我急忙叫来了爸爸妈妈，大声叫着太婆，叫她快起来，我还要吃最喜欢的德芙巧克力啊。护士在一旁说："你太婆得的是心脏病。"太婆每天晚上都睡不着觉，一直在床上翻来覆去，我却一直蒙在鼓里，一直不知道。

　　幸福有梯形的切面，它可以扩大，也可以缩小，就看你是否珍惜。我，一个无知的男孩儿，现在已经长大成人，变得懂事了，可太婆却留在了岁月的流水中，再也回不来了。

童年的三轮车

严子涵

童年是风，吹来朵朵白云；童年是云，化作新春的雨；童年是雨，滋润初生的花；童年是花，伴我朝看彩霞。在我的童年中，我印象最深刻的就是爷爷的那辆三轮车了。

爷爷的三轮车上有一只"小黄鸭"，每天都会"嘎，嘎，嘎"地叫。爷爷那辆三轮车没有特别华丽，只是一辆普通的三轮车。它能为我遮风挡雨，我觉得它比汽车都好。

在上幼儿园的时候，由于妈妈工作繁忙，一直都是由爷爷来接送我。小时候，我特别爱哭，特别是在刚刚起床的时候，总想要赖在床上。但后来，爷爷似乎抓住了我的软肋，每天早上在三轮车上按下"小黄鸭"，我就知道爷爷要带我去上学了，于是我狼吞虎咽地吃下爷爷为我烧的早饭，嘴里含着一个鸡蛋，就跑到了门口。爷爷把我抱到了车子里，跟着"小黄鸭"嘎，嘎，嘎的叫声，我们上路了。

赶往学校的路上，我总喜欢偷偷地从路边摘下一根狗尾草，悄悄地去挠爷爷的鼻子。爷爷立刻打了个喷嚏，我却坐在车后沾沾自喜，爷爷冲着我浅浅地笑了笑。有时候，爷爷也会跟我讲故事，爷爷的故事好长好长，好像永远也讲不完。爷爷在路上一直讲《牛郎织女》，每当到达最关键的时候，"小黄鸭"就会叫起来，我探出头，爷爷抱我下了车，说："要是你今天得到了小红花，我就给你讲牛郎跟织女最后怎么样了，好不好！"但小红花已经贴满墙壁了，我还是不知道牛郎跟织女后来到底怎么了。因为爷爷第二天又从头开始讲，搞得我现在都会背了："从前，有一个少年……"

我最喜欢周末了，每到这个时候，爷爷奶奶总会骑着三轮车带我到小溪边玩。奶奶在前面骑，爷爷在后面推，而我就是小公主坐三轮车看看四周的美景。旁边的人投来了羡慕的眼神，这时我总会把头抬得高高的，露出灿烂的笑容，真像个高傲的小公主。我最喜欢的就是小溪边的石头路了，每次到那儿我都会兴奋地尖叫起来，在那儿骑车就像在游乐园里玩青蛙跳跳跳一样刺激，每当爷爷说"坐稳了"，我都会拉紧爷爷的手，生怕自己掉下去，而被我拉紧手的爷爷却会在一旁说："你这个胆小鬼！"听到这句话我立刻嘟起了嘴巴,放开爷爷的手,叉着手说道:"我才不是胆小鬼!"此时,爷爷总会开怀大笑,我也跟着爷爷笑了起来……

时间过得飞快,转眼间,我长大了,爷爷的腿脚也不灵便了,再也没有爷爷在三轮车上逗我笑,给我讲故事的那些情景了。童年的那辆三轮车成了我心中永恒的回忆。

晚 饭 花

严 寒

傍晚的风,温柔得宛如小狗的舌头,温润而又柔软地轻舔我的身心。

家门口的那一丛晚饭花正开得茂盛,粉红的颜色,喇叭状的小花朵点缀在绿叶之中。每到晚饭时分,它浓郁的香气就会尽情地跑向各个角落。

汪曾祺先生在他的小说《晚饭花》中描写道:"晚饭花开得很旺盛,它们使劲地往外开,发疯一样,喊叫着,把自己开在傍晚的空气里。浓绿的,多得不得了的绿叶子;殷红的,胭脂一样的,多得不得了的红花,非常热闹。"

看着这晚饭花,记忆之门缓缓打开。时光逆流,回到了七年前的那个暑假。

也是傍晚时分,乡下的老房子冒着淡淡的炊烟,就如远山的晴岚。院子里的晚饭花在夕阳的照耀下,淡红一片,煞是好看。仔细看时,还会看到里面有黑色的小圆球。晚饭花又叫地雷花,也许是因为它的种子模样像地雷吧。

我和姐姐开始采集它的种子。在晚饭花柔软的枝条间,我小心翼翼地拿下了几颗种子,它们黑乎乎的,坚硬而粗糙,我把它们装进了外衣的口袋里。

"看,这颗种子不是黑色的!"姐姐兴奋地大声说道。

我赶紧扭过头去看。那粒种子居然黑白相间,大概是它正处在"青春期",没有完全成熟吧。物以稀为贵,我们更加小心地把它藏了起来。

过了一会儿,我们各自把采集到的种子拿出来把玩。忽然,舅舅的身影从我们旁边经过。我心中顿时冒出了一个想法:拿这些种子扔舅舅。想着,我就把晚饭花的种子扔了过去。想不到舅舅早有准备,"子弹"像雨点似的在我眼前掠过,我赶紧躲闪,在院子里乱窜。欢笑声打破了傍晚的闲静。

不久,我们都气喘吁吁了。我只好投降了,心想:等我采集了更多的"子弹",再和你决一死战。

光阴荏苒,时光流逝。我站在晚饭花旁边,陷入了幻想,而它依然含笑面对夕阳。晚饭花陪伴我走过童年,走出一路的童真和欢欣。

只有我们知道的地方

吴妮佳

喜欢夜里的晚风,把自己吹得呼啦作响,可以把心事挂在路边,抑或蹲在一个无人的角落,胡思乱想。想着那个只有我们知道的地方,那里,是属于我和哥哥的世界。

那天我和哥哥倚着一棵树坐在草地上,我指着自己的眼睛问哥哥:"人的眼睛,为什么会出汗?"哥哥笑了:"也许你和我一样,在想一个人。"

一个人？我想了很久,但当我想起她时,却不愿意再想下去。

空气中忽然有种很熟悉的味道,我看见一个人,似乎与她相识很久,却又好像彼此互不认识。但我知道,我一直在想的人,是她。

"哥哥哥哥,你能给我讲些星星的故事吗？""嗯,好啊。从前,有一颗星星,它从天上掉了下来。""然后呢然后呢?""什么然后?我已经讲完了呀。""哎呀哥哥,不是说好了给我讲故事的吗?你怎么这样啊?"她一下子嘟起了小嘴,那气急败坏的样子,猛然间让我想起了久违的两个字——童年。

那个时候,我们都还只是天真烂漫的孩子,一起坐在花园的石阶上,然后双手抱着膝盖,对着无际的晴空低诉着酸酸甜甜的故事。当时,叶子很绿,阳光刺得眼睛带着暗暗的痛,绿绿的叶片间沁透着无垠的璀璨,生命在这样的时刻涣散开来,内心却有一种莫名的空旷。我们这样一群孩子,平日里一起傻笑一起疯,却一直没有意识到这个地方终将会离我们远去。

坐在窗前,突然间想看看窗外的月亮,却不想平日里柔和的月光,此刻竟这样耀眼,深深刺痛了我的眼睛,我不停地揉着,揉啊揉。我的手指粗暴的压迫眼球,我担心它们会突然掉下来。于是便不停地往眼里灌"珍视明"。那种冰冷得没有温度的液体不停地渗漏,继而像眼泪一样纵横在我脸上。我怀疑我哭了。

然后,我跑到屋顶平台,站在月亮脚下,仰头看天,我发现天的尽头是暗玫瑰色的,很收敛的那种。我的背后是恢宏的黑暗,月光难以企及。我想知道,那个地方,是怎样一行行地穿越我的记忆,纠结出没来由的忧伤。而正是在这样的一个处境下,让我想起了一句话:到不了的地方都叫作远方,回不去的都叫作过往。

月，勾走儿时的童谣，伴着文字的感伤，似欣赏一种寂寞孤独的绝美，像夏空的透明纯朴，秋雨的绵延细长。爱也变成一种寂寞的语言，高高挂在天上。而那个地方，早已遗失在过往，那里，只有我们知道。

爱的味道

包佳裕

厨房里放着一块被盘子盖住的干菜饼,那是奶奶留给我的早餐。干菜饼外面焦焦的,但吃起来别有一番滋味。

我埋头啃着还热乎的干菜饼,思绪一下回到了七八岁的光景。那时我会跟着奶奶去街上转一转。热闹的街上,吆喝声此起彼伏,吵吵闹闹的声音一直在我耳边回荡。

走着走着,一阵香味突然钻入我的鼻子,这特殊的香味像一只有力的大手,拉着我往它跑去。奶奶在身后追着喊着:"小馋猫,慢点儿!"

终于找到了。眼前是一个个圆圆的又黑乎乎的东西,看起来貌不惊人,但我确定香味就来自这里。"奶奶,这是什么饼啊,我们买一个尝尝好不好?"我知道奶奶一定会满足我的。

没想到一向宠我的奶奶摇摇头说:"这个饼叫干菜

饼，如果你想吃，奶奶回家给你做，这里的不卫生。"奶奶一副自信的样子，边说边牵着我的手往家走。我有些不乐意，但转而又想：我从来没有看到奶奶做干菜饼，这次可要好好看看。

到家后，奶奶拿出一个袋子说："这是我自己晒的干菜，九头芥腌的，味道绝对正宗。等下我炒干菜肉，会香掉你鼻子。"果然，没多久，整个房间里全是香喷喷的味道，我恨不得马上能吃到干菜饼。

奶奶端出干菜肉说："这就是馅，要不你先尝尝。"我咽了咽口水说："我要看您怎么做饼。"只见奶奶的手揉啊揉，松散的面粉渐渐变成面团。最后，一个颜色偏暗的面团出现在我面前。我好奇，便问奶奶："奶奶，为什么这个面团的颜色不是白白的？"奶奶道："这是自家种的小麦做的面粉，跟外面买来的不一样，土面粉揉出来的面团就是这个颜色。"说完，奶奶又继续忙碌起来。

看着奶奶擀面皮、添肉做饼那忙碌的身影，我的心里暖暖的。干菜饼下锅的那一瞬间，我似乎看到了奶奶的爱在飘起的白烟中升腾。熟悉的香味在"滋滋滋"的烤饼声中愈发浓郁。那香味不同于我在街上闻到的香味，它更浓，更醇，更让我垂涎欲滴。

饼出锅后，奶奶把它盛到盘子里。我接过盘子，顾不上奶奶"小心烫"的提醒，急忙咬下一口。顿时香味喷薄而出，在我的舌尖跳动，在空气中舞蹈。我陶醉在那个干菜饼里，吃了还想再吃。

现在，回奶奶家吃干菜饼已经变成了一种习惯。我不止贪恋干菜饼的香味在味蕾上跳动的满足，更贪恋裹进面皮里的奶奶的爱。也许，我们之所以无比怀念家的味道，是因为每道菜里都饱含了亲人的爱吧。一如奶奶做的干菜饼，一口咬下去，只剩爱的味道留在口腔中，无法散去。

两 副 眼 镜

邵哲恺

姓名：邵哲恺。

身高：中等偏下。

特征：眼睛上撑着两片厚厚的凹透镜5000和6000。

旁注：此非征婚启事。

大家都管我叫"四眼君"，除了几个好友外，还常常把我眼镜藏起来捉弄我。

这天，我把眼镜放在桌上，上厕所去了。可就在我回来的时候发现，原本好好的放在桌上的眼镜被人踩破了！我很生气，真不知道是谁把我的眼镜给踩破的。以我这视力，一米外的字就完全看不清了，怎么上课啊！

唉，天啊！我只能抄同学的笔记了。我暗暗发誓，一定要找到这个混蛋！

"丁零零……"下课信号终于发出，我总算是熬过了一节课,我的侦探游戏也正式开场了。

"嘿,海参,上节课下课有人来动过我的眼镜吗?"我找到徐海升直截了当地问。其实我这么做是有用意的,平时下课就数他最吵,今天也应该不例外,极有可能是他弄的。就算不是,他也应该知道情况的。这种事情虽不算大事,但肯定有人看到,可到现在没有人来跟我说,说明什么?弄破我眼镜的人,"势力"应该不小。

"嗯,呃,这个么……"他吞吞吐吐地说,"我怎么知道?"

"哦。"我虽然嘴上应着,但已大致明白是他干的了。不过证据还不够,这只是我的推测而已。

"丁零零",铃声又响了起来,我都还没问完呢。

正当我在抽屉里拿书时,突然摸到了一个形状很像眼镜的东西,拿出来一看,真是眼镜!而且和我被踩破的那个一模一样!这是谁的?

唉,管它是谁的,用一下再说,救救急么!可当我带上它时,差点儿吐出一口鲜血,这,这眼镜没有镜片!唉,什么世道,再熬一会儿吧。

不知不觉的,就放了学,我正在回家路上,忽然有人叫住了我。

"海蜇,等一下我。"

"海蜇,那个——把你的眼镜给我,我让我爸修一下。"

"哦,今天我可捡了副眼镜嘞。"

"是我的啦,我一不小心踩破了你的眼镜,给你救下急么。"他说。

"你!"我差点儿又吐血,"救个屁救啊,镜片都没有。"

"差不多嘛,镜框带着很帅的。"

"你……"我真服了这家伙。虽说戴镜框很潮,可本海蜇可是真近视啊。

秃　鸭

陆　悦

我是一只鸭,一只秃鸭。

从出生以来,我就觉得自己是一只有品位、有格调的鸭子。

我睁开眼睛,看见的就是我的妈妈。妈妈洁白的裙子最引人注目,我目不转睛地盯着它,心中的渴望,就像一粒种子,在我心中生根发芽。

却没有料到,我心中渴望的那款白裙子,我认为最有品位的衣服,像被打翻了的墨水染浸了似的,变成了纯黑。失望,像针,像箭,狠狠地插在我的心头,也像几万只蚂蚁在同时啃咬着我的心。

"小妹,快来河里游泳,有小鱼,小虾,还有小螃蟹呢,可好玩了。"哥哥嘹亮的嗓门儿把我从沮丧中拉了回来。我愣了一下,犹豫着,要不要去?不去的话,会不会辜负了哥哥的一番好意；如果去的话，那我心心念念的白裙子就更没了希望。我对着哥哥展露出一个看起来灿烂的笑容："哥哥，我不去了，你们玩吧。"说罢，便一溜烟儿跑了，活像一个加速摇摆的不倒翁。

我漫无目的地走着，看见女主人正在烧热水，给儿子洗澡。我想起以前，小男孩儿只要进了澡盆，原本黑乎乎的身子没一会儿就变成白白的了。我心头一动，有了主意。嘿嘿，我在心里痴痴地笑着。突然回过神来，热水已经在水盆里放好了，我有些着急，便什么也不顾了，向水盆奔去。我双脚一蹬，扑腾着翅膀，极速降落着。霎时间，水花四溅，地上那簇生机勃勃的小草突然变得有些萎靡了。刺痛从手传遍了全身，像有人拿着一根沾了辣椒油的鞭子狠狠地抽在我的皮肤上，火辣辣的。渐渐的，我的意识变得模糊起来，一点儿一点儿坠入黑暗的深渊。不知何时，一只纤细的手把我拉了起来，给了我一丝缥缈的希望，却因为力气过小，我又沉了下去，希望已被燃尽，而绝望紧接着升腾而起。我的眼皮越来越沉重，之前扑腾的翅膀也耷拉了下去，只留下遍体的伤痕。

"孩子，快醒醒！"妈妈在水盆旁唤着我，不同于以往的柔和，多了几分担忧。我努力地想睁开眼睛，却无济于事，妈妈用力地晃着水盆，试着想把它推翻。一次次的失败，妈妈似乎也有了一丝绝望。她倾尽全力，做着最后的努力。"哗啦！"水盆翻了，妈妈的身体被灼伤了一大片，留下遍体的伤痕。

　　妈妈换上了一身灰衣，它虽然不再洁白无瑕，却朴素而不喧哗。妈妈的爱亲切地包裹着我，给予我温暖。

　　我是一只秃鸭，一只幸福的秃鸭。

亲爱的"尿不湿"

陈　颖

萌萌的"尿不湿"：

此时的你正在熟睡之中，主人看着你的睡姿忍俊不禁，很喜欢你的这个睡姿，肚子和四条腿都暴露在光天化日之下。那么你就保持这个姿势吧，因为你的主人，想和你说说心里话。

在一堆萌宝中，你是最坏的，总是踩到别的萌宝身上去。所以在看见你的第一眼，我就选定你了，就当是为全盟除害吧！刚把你带回家去，小主人的亲人们都拒绝中带着不可思议："怎么可以养一只老鼠！"主人我都会挺身而出为你夺回名誉："是仓鼠！好贵呢！"

你到家的第一件事就是睡觉，一天得睡二十个小时，因为你毕竟才出生两个星期。你在舒服地睡觉，而我在淘宝网上狂购笼子鼠粮面包虫，浴沙尿沙沐浴笼，薄荷棒小香皂消毒液，前前后后花了我两百多。可是你醒来的第一件事就是咬了我正抚摸你的手，但你的牙齿还没长齐，对我的手根本造不成伤害。但主人我还是生气，主人我为了给你一个良好的生活环境，你居然恩将仇报！刚想把刚下的订单一键删除，但看着你肥肥的小肚子，我又去买了胡萝卜泥和两百支磨牙棒。

你明明知道小主人我最怕虫子了。面包虫到货以后，我也没想到面包虫是活的，乳白色的身躯蠕动着，恶心死了！早知道不该在网页上直接搜面包虫的，没想到居然是活体！主人我只好戴着塑料手套，用镊子一条条夹给你吃。你野性大发，吃得不亦乐乎，我在旁边呕吐连连。哼，谁叫面包虫便宜！卖家说还要养面包虫，算了吧，当天晚上我就将面包虫全部喷上蟑螂药，然后扔进垃圾桶。第二天，我就去菜市场上买熟的蚕蛹喂你。乖乖，五块钱才这点儿，据说还养颜美容呢！主人我满脸痘痕都舍不得吃呢，为了你的蛋白质，主人只好先把痘痘的事情放一边了。

仓鼠最怕的就是拉肚子了。看到这一句话主人就害怕了，赶紧查看你健不健康。还真的！怎么一大片黄色的！你的主人赶紧问养仓鼠的老爷爷怎么治，老爷爷眯着眼睛看了好半天，说："你家的很健康啊！"主人赶紧接过来一看，好家伙！你屁股周围的毛怎么是黄色的呀！你的主人觉得好笑，从此，你的大名就有了着落：尿不湿，但主人还是没把你的小名小贱忘掉哦。

你很不适应空调屋。因为太阳太大，主人怕你中暑，就把你放到了自己的卧室里。因为考虑到水母，空调一般是二十二度。不一会儿，就听见了你轻微的咳嗽声，主人赶紧用浴沙给你洗了个澡，放到床上，你趴在主人的肚子上一会儿就睡着了，主人我可累得不行呢！

亲爱的，不管你多么野多么坏，多么调皮多么可爱，你的主人都会用真心去爱你。做个好梦，乖。

爱你的主人：颖

2020年7月30日

那盆太阳花知道

王星雨

　　窗外丰满的阳光正照在太阳花上，一片片叶子像无数的镜子闪动着。

　　这是一盆历经磨难的太阳花。原来不到五厘米高的几棵幼苗已经挤满了花盆，绿油油的叶子和红艳艳的花朵互相衬托着，煞是美丽，有时竟引来蝴蝶翩然起舞。

　　这些幼苗是姑姑给我的。我细心地栽培着，生怕它们死去。我养花总是没多久就会死掉，可是这几株太阳花活了下来，虽然我常忘了浇水。看见它们长了新叶，结了花苞，我感到惊喜：哦，终于成功了！哇，花苞有点儿粉红，看来它们快开了呢！

　　一天，毫无征兆地下起了瓢泼大雨。学校广播里不停地催促："请各班抓紧放学，请各班抓紧放学……"老师却像没听见似的留我们在教室罚抄。好不容易回了家，想到还有很多作业，我就着急地写了起来。

次日，我猛然想起，昨晚下那么大的雨，那盆太阳花怎么样了？

那天我格外地盼望放学。想到那柔弱的太阳花在风雨中飘摇，似乎随时要倒下的样子。我竟有点儿后悔：为什么不把它们搬到室内？

放学，我一放下书包就冲向阳台。眼前的太阳花，还是原来那盆生机盎然的太阳花么？它们原本挺立着的茎已被昨夜的大雨打得东倒西歪，显得很没精神，茎上的叶子也掉了大半。哎，我积蓄了这么多的期待，刚刚鼓起帆来，就被小小的针一扎，全漏气了。我是多么希望它开花啊！

我心疼地帮它们盖好了被打得乱七八糟的泥土，心里一遍遍念着：你们要活过来！你们要活过来！

过几天，我再去阳台看时，看见太阳花果然重新挺立了起来！

它们又长新叶了。

它们又结了新花苞了。

在那个清晨，几朵太阳花像约好了似的一起悄悄地开放了。玫红的花瓣，金黄的花蕊，挤在绿叶丛中，那么显眼。风一吹，泛起了花的波浪……

花开得一天比一天多。又过了几天，它们结籽了！我小心翼翼地把这些微小的、黑得发亮的花籽收集在一起，把它们分送给和我一样爱花的同学们。

"我的太阳花发芽了!""太阳花耐旱,确实很好养!""太阳花的叶子真光滑!"……同学间,多了这样一些对话。送出的太阳花籽,似乎让同学们的友谊变得更深厚了。

太阳花又开了,阳光懒懒的照在上面。我们看见它们现在的美丽,这美丽的背后经历了多少风雨,只有那盆太阳花自己知道……

一只想逃跑的猪

叶宇杰

从前有一只猪,它叫不知道。它生活在一个篱笆围成的农家猪圈里,每天过着食来张口的生活。有一天,一个诗人走过,念了一句诗。

于是,它想出逃。

因为诗人说,世界那么大,我想去看看。

有一天,它想到了一个好办法。它想,让自己变重,然后一滚不就可以把篱笆给压破了吗?于是,它每天睡了吃,吃了睡。终于有一天,它的体重像夏天的温度计,窜得老高老高。它两脚一蹬,顺势一滚,猪圈就破了一个大窟窿。

它逃出猪圈,拼尽全力向森林里跑去。

一来到森林,它就遇上了烦心事:离开了猪圈,那我住哪儿,吃什么呢?不知道不知道该怎么办了。

它找到一个地方，刚要躺下，野猪冲着它伸出獠牙，怒吼："你是老几，敢来抢我的地盘？"那可怕的吼叫声，把它吓得差点儿摔倒在地。

它只好来到小猴家，支支吾吾地向小猴说明来意。小猴急忙说你太重了，我这儿会给你压塌掉的。它只好来到山羊家，山羊看到小猪要来借宿，连忙说我这儿虽然地儿大，可是我们兄弟多，实在是容不下你了。

借宿多次，次次被拒绝。它走得又累又饿，却一路找不到吃的东西。不知道真的不知道该怎么办了。

原来，世界这么大，看看不容易。

它突然分外地怀念以前的日子。那时的日子，真的像神仙啊。

不知道想，那个篱笆围成的猪圈真的是一个温暖的家啊。想到这儿，它又有了新的计划。

栀子花真好

张一樊

刚步入立夏，空气中已充满了热情，欢乐的气息带着淡淡的花香，沁人心脾。有时在书院里写字，淡得几乎闻不到的花香便会悄然入鼻，无声地在安抚着夏日里躁动的心。

妈妈不知什么时候爱上了插花，整天待在卧室里摆弄着那些花。我的眼睛一下就被那朵栀子花吸引了，淡白与淡黄的花儿，轻灵极了。"妈妈，能把这朵花送我吗？""当然可以。"我欣喜若狂，马上将花拿到书房里开始鼓捣。

过了三四天，开学了，也许是因为妈妈太晚来接我，我回到家就开始乱发脾气。回到书房后，我开始胡乱折腾，把书都拿出来乱扔，乱砸。当我看见那朵放在床头的栀子花时，我没有丝毫的犹豫，直接将花撕碎了。

"太难看了,味道还这么淡,一点儿也不好。"

妈妈无奈之下,只好带我出去散步。我跟着去了花园。那里花草很多,我们俩一进去就有一大股杂乱的花香,混着泥土的气息扑面而来,我皱起了眉头。因为这些花的香味太浓了,这浓郁的花香让我有些反胃。

仍是不适意!

我开始寻找那另一种花香,那是淡淡的、细腻的花香。没有办法,我不得不承认,我后悔了。

忽然有一簇特别的香味进入了我的鼻腔,那是一种对我灵魂有着唤醒作用的花香。

栀子花香!

我开始疯狂地呼吸着空气,一下,两下,三下。妈妈见了,马上说道:"你要保持好心态,像这栀子花一样。走,我带你去花店,你可别在这公园摘花呀!"到了花店,五颜六色的花,浓郁的花香,似乎找不到栀子花的踪迹。可我往地上堆着的花里一看,是栀子花,还好是栀子花。

回到家里,我将栀子花的花枝放到了书房里,卧室里,大门上,可以放的空间里我都放了一枝。

栀子花真好,夏天真好,妈妈真好。

着墨宣纸的趣味

严 寒

我不知具体何时接触书法。

依稀记得是七八年前的夏天，我坐在沾满墨汁的毛毡前，空气中弥漫着墨汁的淡淡清香。老师用他的大手握住我的小手，让笔尖在宣纸上跳出圆润、刚劲的舞步。

我忍不住想试试，却发现自己连毛笔都拿不稳。老师让我先在毛边纸上写。说是写，其实是划一道道线，横横横，从纸的这头划到那头。我颤抖着，毛笔在宣纸上涂上了粗细不匀又弯弯曲曲的线条。慢慢地，我的手臂酸了，大拇指也隐隐作痛，重要的是，我不知道自己什么时候能像老师一样写出漂亮的字。如此枯燥的笔画练习，让我觉得毫无趣味。

一天又一天，单调的书法学习，让我有了厌倦。不知道多少次，我看着字帖发呆，想到写字是如此枯燥和呆板，我感到迷茫和惆怅。我想独自在黑暗里听忧伤的歌，却像一个人要过河去，没有船，只能安静地坐着。孤独像一条大毒蛇盘踞在我的心上。

老师看出了我的心思，说："很多时候，趣味来自坚持。你坚持去做了，慢慢地，就会尝到甜美的滋味。"

我试着让自己去接受，去努力。笔尖漫过流年的宣纸，不知不觉，又过去了好多时光。我渐渐学会了一个人享受寂寞，享受书法带给我的恬静。

我看到梭罗独自穿行于风驰电掣中，王羲之独自在墨池中洗笔，米芾花五两白银买一张宣纸……书法成了我最好的朋友。它从不和我说关于物质的东西，它给了我从历经铅华的历史中攫取出来的艺术珍宝，它告诉我如何在这个喧嚣的世界里保持一颗恬然的心。

时光淡淡，穿窗入户。今天，我站在毛毡前，仿佛还是昨天。我调了调笔锋，小心地将笔尖接触宣纸，墨汁迅速晕染开来，就像晕染一个美丽的梦。

书法，给了我越来越多的趣味。

环保达人梅子

潘传媒

要说环保达人嘛,我认为非梅子莫属。一个能用旧鞋子来种植物,能用空瓶子来放盐、糖的人,想必大家都能猜到她那环保意识有多强大了吧。

那天,我正在做作业,写着写着我的草稿本用完了。我向梅子求助。梅子二话不说,就从书房的抽屉里拿出一本草稿本。我翻了一下,草稿本厚厚的,里面的纸颜色和厚薄都不一样。我正纳闷,只听梅子道:"这草稿本不错吧,还是独一无二的呢。是我用你以前的本子中没用过的纸张装订起来的。怎么样?"

过了一会儿,梅子让我练毛笔字。"家里的宣纸已经用完了,我写在哪里呀?"我正暗自高兴可以不用练字的时候,梅子来了一句:"这还不简单,家里有很多'宣纸'呀。"说话间,梅子已经拿着一卷报纸进来了。"这玩意儿好。看了后还可以写，写出的字还很好看。"梅子得意道。

次日中午，我和梅子一起烧饭。她洗菜，我淘米，两个人分工明确。我用水给每粒白白胖胖的大米都洗了个澡，然后就准备把淘米水倒掉，梅子眼疾手快拦住了我，告诉我淘米水用处多多，可以浇花，还可以洗水果，洗脸。既可以节约用水还能去农药残留和美容。

说起梅子的环保经，那可真是一套一套的。

灯管、电池、体温计等，都是可能产生污染的有害垃圾，尽量送到专门回收这类垃圾的地方，最好用废纸把垃圾包裹起来，在上面明显处标示"危险"字样。洗澡时，将刚开始的冷水给积累起来，可以洗衣服或派上其他用场；买菜时，要自己带一只布袋；平常要少吃肉类食品，尤其是晚餐……

有时，我挺不理解梅子的。要说现在，条件越来越好，有必要弄得这么"抠"吗？

梅子却说，资源是大家的，一定要珍惜。地球也是大家的，一定要爱护。

梅子似乎说不出什么大道理。但我越来越觉得她是对的。这不，我写下这篇文章，就是要夸夸她——我的妈妈潘梅紫。

消失的手机

杜家羽

妈妈的手机不见了。

妈妈的手机小巧、精致，有些招人喜欢。可妈妈没有时间玩手机。她总是在忙碌中度过，只是偶尔打一下电话，聊一聊微信。

现在，妈妈想给外婆打电话，却发现手机不见了。"妈妈，您别动，我来找。"我把妈妈按在沙发上，开始找手机。

妈妈经常在厨房为我们烧饭。站在门口，我似乎看见了妈妈忙碌的身影：妈妈在淘米，将米一遍又一遍地清洗，接着放在电饭锅里煮；妈妈将菜放进锅里翻炒，油飞溅在妈妈的手臂上，妈妈无法躲闪，依然在油烟里奋战。站在门口的我眼眶湿润了。我走进厨房寻找，锅后，菜板旁边，水池上，任何一个地方都找了一遍，都没有发现手机的踪影。

　　我失望地走出厨房，抬头望向客厅。妈妈常常在客厅拖地，说不定手机放茶几上了呢。茶几很乱，堆着我和弟弟的零食，我蹲下身子，将它们一一放好，忙了半天，什么也没找到。我整理得双脚发麻，没想到不怎么大的茶几，整理起来也这么累。我们平常弄得那么乱，妈妈每天整理，不知该多辛苦。

　　我拍了拍发麻的双脚，"咚"的一声，把自己放倒在床上。闭上眼睛，我似乎看到妈妈拿着笨重的拖把，在水里洗了又洗，再拧干了拿出来拖地。妈妈拖得很认真，不放过任何一个角落，不放过任何灰尘。拖好地，妈妈又将我盖过的被子叠好，放在枕边，将皱乱的床单铺平……

　　我突然想起妈妈的房间还没找。我开始在妈妈的床上摸索，它很柔软，也很舒服，空气中弥漫着妈妈的味道，有花香，也有汗味。那是妈妈辛苦付出的纪念。突然，我在床头柜的一本书下面发现了手机。哦，一定是妈妈睡前看了一会儿书，把手机给遮住了。妈妈爱看书，却只能挤出睡前的时间看上一部分。

　　抚摸着妈妈的手机，我好像感受到了妈妈的体温。对着妈妈的手机，我忍不住喃喃："妈妈，您辛苦了。"

世界上最难的职业叫妈妈

潘航翔

我的妈妈比较内向,不善于表达自己的爱,但我知道,她一直把我放在很重要的位置。

我的妈妈是全职妈妈。她把照顾我当成她的工作,她的职业。

小学时学校里没有食堂,而我又挑食,妈妈就每天中午掐着时间给我送午饭,再加上早送晚接,一天三次从江北到五校,风雨无阻。

后来我中午在托管中心吃,不用送中饭了,白天就有了空闲,她觉得无聊,就去弄了些小挂件来做。她每天一大早起来给我做早餐,等快烧好了再叫我起床,好让我多睡会儿。吃完早饭,她又马不停蹄地送我去学校,路上还不忘问我晚上想吃什么。买好了菜一回到家,妈妈便一刻不停地做小挂件,这样她可以多赚些菜钱。

下午放学我回到家，妈妈已做好了香喷喷的晚饭。我放下书包就可以吃了。吃完后，我就去做作业，妈妈收拾好碗筷，就坐到我附近，一边组装挂件，一边监督我做作业。等我做完，妈妈还要给我检查作业，再一起改正。

　　有一次双休日，我在写作业，妈妈在打扫卫生。因为没有妈妈监督，我做了一会儿就开始神游了。我玩玩这个看看那个，不知不觉就过去了一个小时，而我的作业基本没写。于是我便心急起来，简单的题目一笔带过，难的题目就随便写了一个答案，也写得很潦草。过了一会儿，妈妈来检查了，她发现我很多题目都做错了，而我心虚得头都不敢抬起来。我用眼角偷瞄妈妈，只见她眉头越来越皱，脸上乌云密布，一把将作业本扔还给我："怎么搞的？今天写作业这么不认真，拿回去重新写一遍，再写不好小心有好果子吃！"这下我老实了，认认真真地做起来。做好后妈妈看了一遍，满意地点了点头，语重心长地说："孩子，你已经长大了，该懂事了。妈妈不可能一直陪着你的，你要学会自觉、自律，懂吗？"我羞愧地点了点头。

　　曾经读到两句诗："啊，母亲，您是混乱中的秩序/是从动荡与狂热中诞生的理性/是浪迹天涯的游子的归宿/是不可企及的境界与梦想。"妈妈，我想把它送给您。因为，妈妈是世界上最难的职业，您做得很努力，很认真。我为您喝彩，妈妈。

肥胖的老爸

徐哲睿

我的老爸有点儿胖,每一餐至少两碗饭。他若往路边一跳,地球都要抖三抖。要是走上拳击台,泰森都不一定推得倒他。他人生两大乐事:吃和睡,以至于他来学校接我的次数都很少。可不,他第一次来接我,就出了事情了。

积满水的黑色海绵高悬天空,好像一挤,就会洒下倾盆大雨。我背起书包,往教室外走出去,一个具有标志性的身材,侵占了我大部分的视野。我看见他,下意识举高了手摇了一摇,并喊了声"爸爸"。于是,事情就来了,几乎所有站在外面的同学都小声笑了起来,站在我旁边的小鑫鑫还低声讲了一句:"你爸爸好'瘦'啊!"我自然听出其中的意思,丢下了爸爸,径自往楼梯口走去。爸爸抖着肚子上的肉,不解地往我这儿跑。我走到校门口的一个角落,肥胖的爸爸气喘吁吁地出现在我面前,抱怨道:"儿子,你知道老爸这么胖,还走这么快,想整死我呀。而且你还怎么忽然不高兴了,谁欺负你了?"我用力拍了一下他的肚皮,说:"你以后不要来接我了,同学们都笑话我有一个这么胖的老爸。"他刚想说点儿什么,我捂住耳朵,用很大的声音喊:"回家!"

果然不出所料,第二天,我迎来了许许多多同学无情的嘲笑。每一次嘲笑,我都深深刻在脑海中,并一直在心中念着:肥胖的爸爸,可恶的爸爸。

从这以后,我吃饭就坐在老爸的旁边,疯狂地给老爸夹蔬菜,并把几个荤菜放在离老爸最远的位置。每天限制他只能吃一碗饭,并一直祈祷老爸能瘦下来,也一定要瘦下来。

事情到这里还远远没结束。那一天晚上,不知道是因为什么原因,我忽然醒来了。半梦半醒的我隐约听到外面传来窸窸窣窣的声音,心想,家里是不是进小偷了?我害怕极了,蹑手蹑脚地走到老爸的卧室,发现老爸的床是空的,被子的一角被撩了起来。我突然有些不祥的预感,我偷偷从房间的一角露出一只眼睛,果然不出所料。我气急败坏地走进厨房,一把抢过那人手中的面包,扔到地上,他似乎张口想说,不,是骂些什么,我就急着吼道:"爸爸,这么胖还吃,自从那天你来接我之后,同学都说我是肥猪的儿子。你说,我该怎么办?"他似乎被我突如其来的愤怒惊呆了，刚想说什么，却发现眼前只留下了背影，一个火气十足的背影。

那天晚上，我哭了很久，隔壁的灯，似乎也陪我亮了很久。

可能是那天晚上双方的怒火仍在，吃饭时我故意坐了离他很远的位置，看见他坐沙发，我就回自己的房间，他来了我的房间，我就去厕所"避难"。离远了，离久了，以至于我很少去关注他的一身肥肉。

一天晚上，因为妈妈出差了，我只能去用爸爸的手机，我不情愿地打开了爸爸的百度，发现所有跳出来的页面都是"如何瘦身""如何减肥""胖子爸爸如何赢得孩子的心"等。我笑着，突然鼻子一酸。良久，我终于鼓起勇气，走进了爸爸的房间，用干燥的嘴唇亲了一口那曾经的大肚皮。

那一刻，我懂了，即使地球不转，也不用怕，因为有一样东西会一直陪着我，那叫父爱。

最后一个人

张　柠

地球上的最后一个人坐在房间里。

突然，寂静的空气中传来一阵沉闷的敲门声。咚，咚，咚。那人害怕得缩成一团，躲在最阴暗的角落里。

他已经好几天没吃饭了，也好几天没合过眼了。他的眼皮在不断地打架，可他始终不敢睡去。咚咚咚！又是一阵敲门声，比上次急促多了。

"只是风而已，只是风……"那人不断呢喃着。其实，他比谁都清楚，外面已脏得不成样子，变异的动物植物到处都是。他曾想过寻找幸存者，可还没打开门，他就退缩了，外面太危险了……

咚咚咚的敲门声比之前更响了。"别敲了！别敲了！"那人高声尖叫，眼睛瞪得大大的，身体抖得像筛糠。无意中，他看到了一只玻璃瓶。那人像看到救世主一样，连滚带爬地去拿玻璃瓶。

敲门声更大了，门仿佛随时会被撞开。那人拿着玻璃瓶走向门。从猫眼里望去，眼前一片漆黑。猫眼被爬山虎的巨大叶子挡住了，未知的恐惧涌上他心头。

突然，门被人狠狠地撞击。那人一下跌坐在地上，玻璃瓶被远远甩开，砸在墙上变成了碎片。

点灯一闪一闪的，刺耳的风声夹杂着野兽的嗥鸣透过墙壁传来。"不！不要！"那人尖叫着。门开了，那人闭上了眼。

一个和蔼的声音响起："你会回到过去，世界会回到过去。是走向新的世界还是重蹈覆辙，你要做出选择……"

再次睁眼，那人回到了过去。

看着镜子中的自己，喜悦冲昏了那人的头脑，他忘了回来前听到的话。

那人又开始乱砍滥伐。树木消失了，取而代之的是大量的垃圾……

为了利益，他甚至建造了有巨大核能的工厂。最后的最后，镜头又转到了这个时刻——

地球上最后一个人躲在阴暗的角落里，听着狂风拍打墙壁的声音。他无神的双眸望着墙上的钟表，嘀嗒，嘀嗒，声音格外清晰。突然，沉闷的敲门声透过厚重的门板和冰冷的空气传来。

门外身穿黑袍的老者手持一柄镰刀。"您是送我回到过去的，对吧！"那人紧紧盯着老者。"不，我来取你的性命……"老者说着，把镰刀挥了过来。

那人猛地坐起。下午的阳光亮得晃他的眼。可是他呼吸急促，冷汗直流。汽车的鸣笛声是那么悦耳，时刻提醒他不过做了一场梦。

看着窗外钢筋水泥铸成的丛林，那人有些担忧，也许有那么一天，梦就不再是梦了……

转　学

张喆政

　　清晨，孤雁掠过天际，只剩下悲远秋凉的低鸣，伴随着淡淡的哀愁进入我的心。我漫不经心地穿好衣服，背上书包。今天，我就要转学了。

　　我沉寂地坐在座位上，如石像冰冷，再次把每本作业本按照顺序叠得整整齐齐。平时那么平常的作业，此刻在我的眼中却是那么珍贵。我凝视着作业本上一个个熟悉得不能再熟悉的名字，不由得笑出声。可是，今天，或许就是我沐浴在这份温情中的最后一天了吧。

　　我思潮起伏，回忆着那数不清的曾经，运动会上的欢声笑语，上课时的琅琅书声，萦绕在我的耳畔。同桌轻轻碰了我一下，我故作平淡地回应："什么事？"我注视着他，却发现平时大大咧咧的他如今就像是失了魂，半天不说话。"你……明天就走了？"他的声音隐隐约约，仿佛惧怕什么似的。我低下了头轻声回答。他再次把头低下，低得更深了，似乎是要隐藏着什么。我的心一收，抵挡着心中的汹涌澎湃，用力拍打了一下他的肩膀，强忍着挤出一个笑容："给我开心一点儿，哈哈哈哈……"他逐渐抬起头，给我一个微笑，却分明有一种虚假的感觉。此时此刻，我仿佛被送进了一个冰火交融的地方，一时不知所措。沉默，渐渐代替了我们的言语。

时光是一支无形的箭，终究还是到了放学的时候。我麻木地收拾好书，刚要走，一双手拉住我，我回头一看，这不是那个废话一堆的讨厌鬼——总是找我麻烦的刘蛮么。"您有何事大驾光临？"我拉起书包，转身接着走，他追上我，紧紧地拉住了我。"我舍不得你……陪我再打一次篮球。"他拦住了我的路，盯着我的双眼，一股不答应我就不让你走的架势。我只好被动地走向篮球场。

我和刘蛮都是班上的篮球尖子，在篮球场上，我们总是不分胜负。可今天不知为什么，球打得特别顺，投篮时他依然缠着我，却没有从前那份难缠。我们肩并肩跑动时，他没抢球；球没投中时，他装作没看到。终于，我忍不住了。"你在干吗，是不是几天没打球手残了！"我大声怒吼着，仿佛要把心中的不悦全都发泄到他身上。奇怪的是，他低头不语。我哼了一声，把球往后一丢，径直走向出口。"不打了，没意思。"我轻轻地挥手。忽然，身后传来一阵暴喝："你走啊！走啊！不要再回来了！"我的心发出一阵仿佛要脱离身体的震动,我想回口,却又感觉被什么东西压住似的,我紧握的手舒展开来,轻声道:"好朋友。"

我带着轻松自在的心情上了车。"爸,我不转学了。""嗯?"爸爸微微一愣,看了我一眼。"嗯。"我望向窗外,朵朵白云,正在冲我微笑,点头。